훌륭한
교장은

무엇이
다른가

WHAT GREAT PRINCIPALS DO DIFFERENTLY (3rd edition)

그들의 20가지 특성에 대한 탐구

훌륭한 교장은 무엇이 다른가

토드 휘태커 지음 | 송형호 옮김

훌륭한 교장에 대한 연구

●　　　　　　　　　　교장이라면 누구나 교육 리더십에 관한 책으로 서가를 채울 수 있다. 무수한 교육 이론과 지침을 공부할 수도 있고 대학원 수업에서 우수한 성적을 받았을 수도 있다. 그러나 훌륭한 교장과 그렇지 못한 교장을 구분 짓는 차이는 무엇을 알고 있느냐가 아니라 무엇을 하느냐에 달려 있다.

　이 책은 훌륭한 교장은 무엇이 다른지, 즉 어떻게 행동하는지를 밝히고, 이를 실천하면 누구나 훌륭한 교장의 반열에 오를 수 있게 하는 것을 목표로 한다. 이 책의 내용은 내가 경험한 세 가지 경로를 통해 정리되었다. 첫째, 나는 그간 수많은 연구에 참여했는데 이를 위해 방문한 여러 학교에서 유능한 교장과 덜 유능한 교장을 만날 수 있었고 그들이 서로 무엇을 다르게 하는지 알 수 있었다. 둘째, 나는 매년 수십 개의 학교에 컨설팅을 제공하고 있다. 이들 학교의 성과를 관찰하고 교장, 교사, 학생, 행정실 직원들을 찾아가 어떠한 관행이 성공으로 연결되는지에 대한 통찰을 얻었다. 세 번째는 매우 개인적인 경로로, 교장으로서 일할 당시 나를 성공으로 이끌었던 핵심 가치에서 비롯된 것들이다.

이 책은 협소한 지침을 처방하기보다 훌륭한 교장의 관점에서 학교의 전경을 그리고자 한다. 교장은 학교와 그 안의 구성원을 어떻게 바라보는가? 어디에 주의를 기울이는가? 시간과 에너지를 어떻게 쓰는가? 무엇을 기준으로 결정하는가? 어떻게 하면 우리도 그들처럼 잘할 수 있을까? 똑 부러지는 답은 없다. 있다면 이미 모두 알고 있을 것이다. 교육은 극도로 복잡하고 교장 리더십도 단순할 리 없다. 하지만 우리는 최고의 교장이 어떻게 행동하는지 관찰하며 같은 방향으로 나아갈 수 있고, 우리가 리더로서 어느 정도의 역량을 갖추었는지 돌아볼 수 있으며, 무엇보다 꾸준히 실력을 연마할 수 있다. 사실 우리는 이미 훌륭한 교장과 최소한 한 가지 공통점을 가지고 있다. 즉, 우리는 아무리 잘해도 더 잘하고 싶어 하는 사람들이다.

이 책의 구성은 간단하다. 1장은 가장 유능한 교장을 본받는 것이 왜 중요한지 이야기한다. 22장은 교장의 핵심 가치에 집중할 것을 강조한다. 그 사이의 2장부터 21장까지 스무 개 장은 훌륭한 교장의 특성을 서술한다. 이 스무 가지는 누구나 따라 할 수 있는 것들이다.

차례

1

시작하며:
훌륭한 교장에 주목하는 이유

● 누구에게나 배울 점은 있다고들 한다. 유능한 이들에게서는 무엇을 해야 하는지, 무능한 사람들에게서는 '반면교사'라 하여 무엇을 하지 말아야 하는지 배울 수 있다는 것이다. 그런데 이 말을 곰곰 생각해 보자. 무능한 동료에게서 무엇을 얼마나 배우면 유능한 교사나 교장이 될 수 있을까? 우리는 해서는 안 되는 일에 대해선 이미 충분히 알고 있다. 좋은 교사라면 학생의 말을 비꼬거나 소리를 지르거나 여러 아이들이 있는 앞에서 특정 아이와 언쟁을 하려 들지 말아야 한다는 것을 잘 알고 있다. 훌륭한 교장이라면 교장실에 앉아만 있는 것이 교사의 수업과 학생의 행동을 개선하는 데 도움이 별로 되지 않는다는 것을 이미 알고 있다. 그러니 하지 말아야 할 것이 무엇인지 알고 싶다는 이유로 무능한 교장을 수소문할 필요는 없다. 하지만 유능한 교육자로부터는 늘 좋은 아이디어를 얻을 수 있다.

학교장 리더십 문제를 '정오문제'라고 가정해 보자. 무능한 교장을 관찰한 뒤 그 반대를 선택하면 좋은 점수를 얻을 수 있을지 모른다. 하지만 리더십을 옳다 그르다, 아니면 좋다 나쁘다로 무 자르듯 쉽게 판단할 수 있는가? 여러 사람을 이끄는 일은 정답이 다양한 서술형 문제와 같다. 누구나 다 쓸 수 있는 평범한 답안으로는 점수를 얻지 못한다. 그저 그런 답을 베껴 봤자 점수는 거기서 거기다. 반면에 가장 잘 쓴 서술형 답안에서는, 우리가 전부에 동의할 수는 없을지라도 배울 것이 있다. 최소한 새로운 아이디어 몇 가지는 건질 수 있고 그것을 기초로 자신만의 아이디어를 발전시켜 나갈 수 있다. 교장으로서 우리 앞에는 너무도 많은 선택지가 놓여 있다. 선택지 중 적절하지 못한 것을 아무리 제거해 나간다고 해도 그다지 앞으로 나아가지 못할 것이다.

예를 하나 더 들자. 로켓을 만들어 달에 날아가고 싶은 사람이 있고 이를 현실화하는 방법에 두 가지 선택지가 있다고 가정하자. 선택지 중 하나는 미국항공우주국NASA을 찾아가는 것이고 또 하나는 어느 일요일 오후에 우리 집을 방문하는 것이다. 만약 후자를 택한다면 아무리 노력을 기울여도 달 착륙 미션은 진척되지 못할 것이다. 우리 집에 와서 알게 된 모든 것을 빠짐없이 기록한다 해도 그렇다. 거실 소파에 앉아 엔진 설계가 가능할까? TV 리모컨의 어떤 버튼을 누르면 로켓이 이륙할까? 우리 집 베란다에 담가 놓은 발효된 포도주로 로켓 연료를 만들 수 있을까? 반면, 미국항공우주국을 방문한다면? 우선

로켓이 당신 집의 거실보다 크다는 사실이 눈에 들어올 것이고 엄청난 예산이나 엔지니어 숫자에는 아마 더 놀랄 것이다. 로켓을 성공적으로 발사하는 데 필요한 과정과 기술에 관해서도 훨씬 많이 배울 수 있을 것이다.

앞에 든 예는 일견 유치하지만 시사하는 바가 분명하다. 학교장 리더십을 배우고자 하는 교육자라면, 평범한 교장은 하지 않지만 유능한 교장이 하는 일이 무엇인지 알아내고 이를 면밀히 관찰하는 것에 가치를 두어야 한다.

유능한 교장에 대한 연구

나는 유능한 교장에 대한 많은 연구를 수행하거나 참여할 수 있는 행운이 있었다(Fiore, 1999; Fleck, 2003; Jay, 2011; Raisor, 2011; Roeschlein, 2002; Sudsberry, 2008; Turner, 2013). 각각의 연구를 통해 방문한 다양한 학교에는 뛰어난 교장도 있었고 별 볼 일 없는 교장도 있었다. 다소 뒤처지는 학교 현장까지 여러 차례 방문했기에 우리는 유능한 교장의 특징을 쉽게 구분하고 알아볼 수 있었다.

예를 들어, 뛰어난 교장 네 명이 모두 다 교문에 "누구나 공부를 잘할 수 있습니다!"라고 쓰인 현수막을 걸었다면, 영감을 주는 현수막을 다는 것이 효과적인 교육 리더십 전략 중 하나라고 결론지을 수 있다. 하지만, 별 성과를 내지 못하는 교장 두 사람도 같은 것을 걸었다면 나는 결론을 재고해 볼 것이다. 현수막 자체가 성공을 장담할 수는 없다. 물론 그렇다고 학교의 모든 현수막을 당장 내려야 한다는 뜻은 아니다. 또한 매우 유능한 교장의 모든 행동을 모방해야 한다는 것을 의미하지도 않는다. 다만, 훌륭한 교장이 하는 일은 적어도 다른 교장의 성공을 방해하지 않으며 반드시 무언가 배울 점이 있다는 것을 명심해야 한다.

위에 기술한 교장 연구 외에도, 많은 학교 방문과 수백 명의 교장을 관찰한 결과 훌륭한 교장은 다른 교장이 하지 않는 여러 가지를 실천한다고 확신하게 되었다. 이 책의 목적은 이 뛰어난 교장을 구별하는 몇 가지 구체적인 관행을 확인하는 것이다. 더 중요한 것은 모든 학교 지도자들이 가장 유능한 동료들의 모범 사례를 채택할 수 있도록 돕는 것이다. 최근 교장직의 미래를 고민하기 위해 다양한 교육자들이 모인 포럼에 참가했다. 안건 중 하나는 '21세기 교장에게는 어떤 기술이 필요할까?'였다. 나는 다음과 같은 수준 높은(결코 달성할 수 없어 보이는) 대답들에 놀라지 않을 수 없었다. 최신 IT 기술에 대한 공학자 수준의 이해, 특수교육 법령에 대한 변호사 수준의 지식, 모든 학생을 교육부가 제시하는 교육목표(끝없이 바뀌고 실현 불가능할 만큼 높은)에 도달하도록 만드는 지혜, 그리고 최고의 수업 방법론…. 휴! 듣기만 해도 가슴이 답답했다. 그러니 교장이 되고 나면 다들 그렇게 스트레스에 시달리는 것이겠지. 그때 나는 우리가 항로를 한참 벗어났다는 것을 깨달았다. 우리에게 정말 중요한 것은 모든 교장이 훌륭한 교장이 되는 것이다. 훌륭한 교장은 변호사 자격을 갖추거나 뛰어난 IT 기술을 지닌 사람들이 아니다. 그들은 학교의 구성원들이 중요한 일을 성취하도록 이끄는 사람들이다. 훌륭한 교사들이 그러하듯, 훌륭한 교장은 진정 중요한 것이 무엇인지 관심을 기울이고 안팎의 변화에 끊임없이 적응하려 애쓴다. 이렇게 생각해 보자. 어느 학교의 교사 모두가 훌륭한 교사라면 그 학교는 훌륭한 학교일까? 당연히 그렇다. 이 나라의 모든 학교에 훌륭한 교장이 일하고 있다면 어떨까? 모든 학생이 날마다 미래를 꿈꾸며 즐겁게 교문을 들어설 것이다.

2

중요한 것은
프로그램이 아니라 사람

● 뛰어난 교장은 학교가 훌륭한 교사들을 충분히 확보하고 있다면, 그 학교는 좋은 학교라는 걸 의심하지 않는다. 훌륭한 교사를 확보하고 있지 않다면 좋은 학교의 가장 핵심적인 요소가 없는 것이다. 만약 내 딸이 초등 3학년이고 훌륭한 교사에게 수업을 받고 있다면 난 그 학교를 높게 평가할 것이다. 그렇지 않다면 우리 딸이 아무리 많은 상장을 받아도, 아무리 많은 학생이 시험에서 높은 점수를 받아도, 아무리 많은 상장이 교장실 벽에 걸려 있어도 나는 그 학교를 그저 그런 학교로 생각할 것이다. 학생들도 이런 관점에 동의한다. 만약 어느 고등학교 2학년 학생이 하루 6교시를 여섯 명의 훌륭한 교사와 공부한다면, 그 학생은 분명 자신의 학교가 대단한 학교라 생각할 것이다. 교사의 질이 떨어지면, 학교에 대한 학생들의 평가도 나빠지기 마련이다. 유치원에서부터 대학에 이르기까지 학교의 질은 교사가 결정한다.

좋은 학교를 만드는 두 가지 방법

학교 발전은 실제로 아주 단순한 개념이다. 하지만 다른 개념들과 마찬가지로 달성하기는 쉽지 않다. 학교를 획기적으로 발전시킬 수 있는 방법이 두 가지 있다.

1 더 나은 교사를 확보하라.
2 기존 교사를 개선하라.

우리는 당면한 문제를 해결할 프로그램을 찾느라 많은 시간과 노력을 들이지만 찾아낸 프로그램이 우리가 원하는 개선이나 성장을 유도하지 않는 경우가 많다. 우리는 정말 중요한 것에 초점을 맞추어야 한다. 그것은 결코 프로그램이 아니라 사람과 관련된 것이다. 이 세상 모든 프로그램이 학교 내 인적 구성원을 개선하거나 지원할 수 없다는 것이 아니다. 다만, 어떤 프로그램이든 그 자체만으로 개선을 유도하지는 않는다는 뜻이다.

교육계는 늘 과하게 포장된 혁신을 강조하고, 우리는 그러한 혁신이 우리가 당면한 모든 문제를 해결해 줄 것이라 기대하곤 한다. 그러나 기대가 어긋날 때, 우리는 그 혁신마저 문제로 간주해 버린다. 하지만 프로그램은 결코 해법이 아니며 동시에 문제도 아니란 점을 명심해야 한다. 기초학력 강화, 총체적 언어 접근법, 1:1 맞춤형 수업,

단호한 훈육, 개입 반응 중심 접근법RTI, 열린 교육(벽 없는 교실), 볼드리지Baldridge 모델, 전문 학습 공동체, 교육과정 성취 기준, 목표 설정과 같은 개념에 옳고 그른 것은 없다. 성공적인 것에는 호감을 가질 수도 있지만 어떤 것은 강요되었기에 분노를 느끼게 하는 것도 있을 것이다. 그러나 몇몇 사례를 좀 더 면밀하게 관찰하면, 훌륭한 교장이 결코 놓치지 않는 것이 있다. 그것은 바로 학교의 질을 결정하는 것은 프로그램이 아니라 사람이라는 믿음이다.

'열린 교육'은 어떻게 시작되었나

'열린 교육Open Classroom'이 어떻게 시작되었는지 아는가? 이에 관해 전문지식을 늘어놓을 생각은 없고 다만 이 운동이 어떻게 시작되었는지에 관한 나의 견해를 나누고자 한다.

한 초등학교 교무회의 광경이다. 새 학년이 시작되기 전 교장은 좋은 소식과 나쁜 소식이 있음을 알린다. 좋은 소식은 예상했던 것보다 신입생의 수가 많다는 것이고, 나쁜 소식은 그래서 교실이 부족해 우선 당장 낡은 체육관을 교실로 사용할 교사가 필요하다는 것이다. 어색한 침묵이 흐르고, 교사들은 교장의 시선을 피한다. 마침내 누군가 이 어색한 상황을 끝내기 위해 손을 든다. 최고의 교사 김 선생이었기에 그리 놀라운 일은 아니었다. 다른 교사였다면 아마 체육관 안에 교실 크기의 사각형 공간을 마련하고 아이들을 거기서 벗어나지 못하게 막았을 것이다. 그러나 열정적인 김 선생은 체육관 구석구석을 빠짐없이 활용할 뿐 아니라 그곳을 수업하기에 최적의 장소로 바꾸었다. 얼마 지나지 않아 교장은 부족한 교실 때문에 다른 반도 이 체육관에서 수업해야겠다고 말한다. 이때 다소 머뭇거리며 손을 든 사람은 누구일까? 열심에서 둘째가라면 서러울 최 선생이다.

그해 말, 사람들이 그 초등학교를 방문한다. 그들이 최고의 광경을 목격한 곳은 어디일까? 그렇다! 바로 낡은 체육관이었다. 방문자들은 열린 교실이야말로 좋은 교육의 비결이라 결론을 내린다. 그렇게 역사가 시작되었다.

그러나 모든 것은 돌고 돈다. 요즘은 다시 많은 이들이 열린 교육 자체를 의심 어린 눈초리로 바라보고 있다. 그도 그럴 것이 일부 교사들 특히 수업 운영 기술이 부족한 교사들은 탁 트인 환경을 어려워한다. 게다가 활동적이고 자유로운 분위기 때문에 소란스러워져 다른 수업을 방해할 수도 있다. 그러나 열정적이고 창조적인 교사들에게는 아마도 열린 교실이 가장 좋은 교육 환경일 것이다.

그 초등학교 체육관에 활기가 넘쳤던 진짜 이유는 교실의 경계를 이루는 벽이 없어서가 아니라 바로 그곳에 훌륭한 교사가 있었기 때문이다. 교육자인 우리는 프로그램이 해법이 아님을 알아야 한다. 우리가 변화를 받아들일 때는 현재의 상태를 발전시킬 경우로 국한해야 한다. 수업 운영방식을 포함하여 아주 일반적인 예를 하나 더 보자.

엄격한 훈육 – 문제인가 해법인가?

교실 생활지도 방법은 늘 논쟁의 대상이다. 대부분의 학교는 특정한 접근법을 독려하거나 규제한다. 교사 연수나 책에서도 특정 기술을 치켜세우거나 배척하는 경우를 자주 볼 수 있다. 이와 관련한 두 가지 사례를 이야기하고자 한다. 먼저, '엄격한 규율 위주의 훈육^{assertive} ^{discipline}'에 해당하는 사례다. 아마도 우리 모두에게 익숙한 방법일 것이다. 어떤 학생이 문제를 일으키면 칠판에 이름을 적는다. 같은 학생이 문제를 또 일으키면 이름 옆에 막대기를 하나씩 추가한다.

문제를 일으킬 때마다 표시가 하나씩 더해지고, 표시가 몇 개인지에 따라 처벌이 내려진다. 이 훈육 방식을 열렬히 지지하는 이들도 있고, 맹렬히 비난하는 이들도 있다. 엄격한 규율을 지지하는 학교와도 일을 해 보고 반대하는 곳과도 일을 해 본 나는 엄격한 규율 자체가 해법이라거나 문제라고 생각하는 교장은 결정적인 요인을 간과했다고 믿는다. 그것은 바로 교사다.

박 선생은 내가 함께 일했던 교사 중에 최고였다. 교감과 교장으로 재직하던 7년 동안 함께 근무했던 것은 커다란 행운이었다. 함께 근무하는 동안 나는 최소 200번 이상 박 선생의 교실에 들렀고 수업도 여러 차례 구경할 수 있었다. 내가 다른 학교로 발령나기 얼마 전 나눈 대화에서 그녀는 다음해부터는 교실에서 엄격한 규율을 사용하지 않을 것이라고 말했다. 나는 깜짝 놀랐다. 왜냐하면 박 선생이 엄격한 규율로 훈육하고 있다는 것을 전혀 눈치채지 못했기 때문이다. 왜 몰랐을까?

그건 아마도 칠판에 학생 이름이 쓰여 있는 경우가 거의 없었기 때문일 것이다. 박 선생의 교실 운영 기술은 그의 수업만큼이나 잘 다듬어져 있었다. 박 선생은 수업을 운영하는 데 엄격한 규율이 더 이상 필요하지 않다고 생각하게 되었다. 하지만 바로 그때 학교 차원에서 모든 교사에게 엄격한 규율을 강제했다면? 혹은 5년 전 그녀의 엄격한 훈육 방식을 학교가 제지하려 들었다면? 어떤 방식이든 교사가 자신감을 가질 수 있게 하는 것이 학교와 학생 모두에게 좋은 일이다.

두 번째 사례로 교장이 되고 첫 부임지에서 만났던 교사 유 선생을 소개한다. 새 학년이 시작되고 둘째 주에 나는 교사들의 수업을 둘러보기로 마음먹었다. 나보다 경력이 많은 교사들도 있었기 때문에 전혀 망설여지지 않은 건 아니었지만, 수업을 참관하는 것이 교수법을 개선시키는 가장 좋은 방법이라고 생각했다. 그래서 유 선생의 3교시 영어 수업에 들어갔다. 얼마 지나지 않아 그가 전형적으로 엄격한 규율을 사용하는 교사임을 알 수 있었다.

칠판에는 10여 명의 학생 이름이 적혀 있었다. 30센티미터 높이에 적혀 있던 이름의 맨 끝에는 민서가 있었고 민서에게는 5개 이상의 표시가 있었다. 표시들은 점점 더 늘어 수업이 끝날 무렵에는 적힌 이름들의 높이가 1미터 가까이 되었다. 등을 잔뜩 구부린 유 선생은 학생들을 향해 흥분된 목소리로 소리지르고 있었다. "더 해 봐! 표시를 얼마나 더 받나 보자고!" 그 교실에서는 엄격한 규율이 통하지 않는 것이 분명했다. 나는 그 수업에서 '그나마 괜찮은' 수업 기술을 찾아보려 애썼지만 쉽지 않았다. 유 선생의 학급에서는 엄격한 규율이 아니라 유 선생 자신이 문제였다.

똑같이 엄격한 규율이 박 선생의 수업에서는 문제가 되지 않았다. 왜냐하면 박 선생이라는 해법이 있었기 때문이다. 유능한 교장은 교직원 개개인의 역량이 다르다는 것을 잘 알고 있다. 그래서 프로그램

자체보다 그것을 사용하는 사람에게 집중한다. 교사들이 사용하여 좋은 결과를 낼 수 있을 때 비로소 그 프로그램은 해법이 될 수 있다.

개별 교사의 성장

나는 교장 리더십에 대한 연구를 통해 유능한 교장일수록 개별 교사의 성장을 장려하고 지원하는 경향이 있다는 것을 발견했다(Whitaker, Whitaker, & Lumpa, 2008). 훌륭한 교장은 학교 전체의 비전을 실천하는 데 목표를 두면서도, 교직원 개개인의 역량을 끌어올리기 위해 애쓰고 있었다. 덜 유능한 교장일수록 개별 구성원의 성장에 신경을 덜 썼고 학교 전체의 목표와 문제에만 관심을 집중하는 경향이 있었다. 학교 지도자로서 우리는 교직원의 역량을 향상시키는 것이 가장 중요하다는 것을 인식해야 한다. 교사의 자질만큼 학교의 성장을 직접적으로 견인하는 요소는 없다.

칭찬과 보상

칭찬과 보상이 학생에게 동기를 부여하는지에 대해서는 여러 의견이 있다. 최고의 교사도 최악의 교사도 학생들에게 칭찬과 보상을 활용한다. 중요한 것은 칭찬이나 보상을 하느냐보다 얼마나 적절하고 효과적으로 하느냐다. 유능하지 못한 교장과 교사는 칭찬과 보상으로 다른 사람을 강제하거나 매수할 수 있다고 생각한다. 그러나 유능한 교장과 교사는 다른 사람과의 관계 구축에 방점을 둔다. 좋은 관계가 형성되면 상대방도 이들 교장과 교사를 위해 노력하는 모습을 보이기 마련이다. 리더로서 무엇이 결정적 요소인지, 더 정확히 말하면 누가 결정적인 사람인지 이해할 수 있어야 한다.

훌륭한 교장은 프로그램이 아닌 사람에 초점을 맞추며,
학교의 질을 결정하는 것도 프로그램이 아니라
사람이라는 것을 절대 잊지 않는다.

3

올바른 자기인식의 중요성

● 　　　　　　　　　　누구나 일을 잘하고 싶어 한다. 또한 정도의 차이는 있지만 누구든 자신이 한 일에 대해 가치를 인정받으려 한다. 가족, 친구, 직장 동료 등 주변 사람들에게 존경받고 싶은 마음은 누구에게나 있다. 소셜 미디어에서 '좋아요'를 받는 것도 즐거운 일이지만 진정 우리가 원하는 것은 존경받는 것이다. 어떻게 해야 그런 존경을 받을 수 있을까? 우리가 존경을 받고 있는지 어떻게 알 수 있을까?

교장실의 문은 열려 있나요?

수많은 리더들이 "제 방문은 언제나 열려 있어요."라고 말하곤 한다. 그러나 어떤 교장은 하루 종일, 1년 내내 교장실 문을 열어 놓고도 학교에서 무슨 일이 일어나는지 전혀 모르기도 한다. 문제에 봉착한 교장들이 나를 찾아와 자주 하는 말이 있다. "그런 일이 벌어지고 있는지 전혀 몰랐어요. 아무도 나한테 와서 말해 주지 않았거든요. 교무회의에서도 특별한 불만은 나오지 않았어요." 도처에 빨간불이 번쩍이고 있건만, 다른 구성원들에게는 빤히 보이는데 왜 교장에게는 보이지 않았을까?

뒤늦게 문제를 인식한 교장은 동분서주하느라 혼이 빠져 정작 자신이 문제의 일부라는 사실을 깨닫지 못한다. 그들은 구조적인 변화를 강조하거나 자신을 제외한 다른 이들의 행동을 교정하는 데 집중한다.

어떤 교장이라도 자신에게 부정적 평가를 내리는 학교운영위원회를 만날 때가 있다. 그러나 부임해 가는 학교마다 유독 '깽판 치는 위원회'만 만났다는 교장도 있다. 왜 그럴까? 올바른 자기인식은 생각보다 어려운 일이다.

자기인식은 기술이다

누구나 일을 잘하고 싶어 한다. 그러나 자신이 고쳐야 할 점을 알아채는 사람은 드물다. 수업 중 학생들 대다수가 졸고 있다면, 교사는 학생들이 잠이 부족하거나 그날의 학습 주제가 너무 고차원적이거나 교실이 너무 따뜻하기 때문이라고 생각한다. 그들은 자신의 수업 방식이 매우 지루하다는 사실은 결코 깨닫지 못한다. 열심히 일하는 교사들을 칭찬할 겨를도 없이 바쁘다는 교장은 덜 중요한 일은 다른 사람에게 위임하고 교직원을 돌보고 육성하는 일에 더 집중해야 한다는 사실을 깨닫지 못하고 있는 것이다.

이러한 자기인식의 부족은 상당히 흔한 현상이며, 주변 사람들의 도움으로 이를 극복하는 경우도 있다. 그러나 리더의 역할을 하는 사람 주변에는 직접적인 의견을 제시해 주는 사람이 그리 많지 않다. 자기인식은 고도의 기술이다. 타고난 게 아니라면 이를 개발하고자 힘써야 한다. 피드백을 받고자 한다면 우리는 의도적으로 문을 열어야 한다.

교장은 아이스크림 트럭이 되어야 한다

나는 아이스크림을 정말 좋아한다. 항상 그래 왔고 앞으로도 그럴 것이다. 그러나 불행하게도, 엄마의 쇼핑 목록에는 매번 아이스크림이 포함되어 있지 않았다. 가격도 만만치 않았지만, 사놓는 즉시 우리가 일주일 치 아이스크림 한 통을 10분 안에 먹어 치웠기 때문이다. 그러나 아이스크림 회사들은 아이스크림 트럭이라는 영리한 마케팅 전략으로 엄마의 완고한 절약 정신을 무너뜨릴 수 있었다.

예의 익숙한 종이 울리면, 우리는 부모님께 돈을 애걸복걸했다. 트럭은 식료품점보다 우리 집 가까이에 있었고 한 번 먹을 분량만 살 수 있었기 때문에 엄마가 허락할 확률이 훨씬 높았다. 그리고 집 주변에서 허드렛일을 도와 드리면 그때마다 아이스크림 보상을 받을 수도 있었다. 아이스크림 회사는 분명 이 패턴을 인지하고 있었을 것이다.

훌륭한 교장들도 이를 인지하고 있다. 교육감을 대상으로 한 연구에서, 레이저는 뛰어난 리더들이 사무실 밖으로 비교적 자유롭게 나갈 수 있다는 점을 잘 활용한다는 사실을 발견했다(Raisor, 2011). 그들은 어디에든 모습을 드러냈고 누구든 접근하기 쉽게 행동했다. 일상적으로 의견을 청취하며 피드백을 받고 있었다. 뛰어난 교장들도 같은 방식을 취한다. 다른 사람이 오기를 기다리기보다 정기적으로 교실을 방문하고 복도에서 이야기를 나누고 비공식적인 피드백을 구한다. 이러한 기회를 이용해 학교 전 구성원으로부터 긍정적인 아이디어를 얻고 결과적으로, 문제가 터지기 전에 이슈를 알아차린다. 누군가 내게 다가오기를 기다리지 말자. 교장실 문을 열고 나가서 구성원들과 어울리자. 교장은 학교의 아이스크림 트럭이 되어야 한다.

당신이 유능한 교장인지 알고 싶다면

교장의 역량을 측정하기 위해 개발된 몇 가지 도구가 있다. 흔히 볼 수 있는 도구는 리커트 척도Likert scale(응답자가 '매우 그렇다'부터 '매우 그렇지 않다'까지 답할 수 있는 설문 방식)를 활용한 것으로, 몇 가지 중요한 영역에서 학교장의 역량을 알아보기 위해 교사들이 주로 사용한다. 자신의 역량을 알아보기 위해 교장 스스로 사용하는 경우도 있다. 결과는 매우 흥미롭다. 압도적 다수의 교장이 자신이 모든 분야는 아니더라도 대부분의 분야에서 유능한 편이라고 평가한다. 유능한 교장과 그렇지 못한 교장이 자신을 바라보는 방식에는 큰 차이가 없다. 자신의 주요 강점과 가장 큰 약점을 설명하라고 요청하면, 그 목록이 대동소이하다. 반면 교사들은 유능한 교장과 그렇지 못한 교장을 매우 다르게 묘사한다. 교사들의 견해와 교장의 자기인식 결과를 비교해 보면 단 한 지점에서만 일치를 보인다. 바로 훌륭한 교장의 강점과 약점이다. 훌륭한 교장은 교사들이 자신의 장점과 단점을 어떻게 보는지 정확하게 인식한다. 대다수의 평범한 교장은 이런 인식이 부족하다.

　타인의 생각을 읽어 내고 이에 맞춰 조율할 줄 아는 능력attunement은 사람마다 다르다(Sudsberry, 2008). 부족한 사람은 배워야 한다. 교사가 학생들이 수업 시간에 설명을 이해했는지 여부를 어떻게 알아내는지 생각해 보자. 몸짓 언어를 읽는 데 능숙한 교사도 있다. 학생들에게 손가락으로 알았으면 'O' 아니면 '×'를 표시하게 하는 교사도 있다. 평소에 수업을 잘 따라오지 못하는 한두 명의 학생에게 다가가 그들이 이해했는지 알아보기도 한다. 교장도 직무에 대한 자신의 인식이 정확한지 확인하기 위해 유사한 방법을 활용할 수 있다. 다음 두 가지 예를 살펴보자.

교직원의 마음을 읽으려면

훌륭한 교장이 회의를 열면 교사들은 기대감을 가지고 참석하고 회의에서 오간 내용에 가치를 부여한다. 의미 있는 회의를 경험해 보지 못한 교장은 이것이 무슨 뜻인지 이해하지 못할 것이다.

교직원 회의의 형식은 매우 다양할 수 있다. 특정 교사들이 수업이 없는 시간에 맞춰 소규모로 회의를 여는 교장이 있는가 하면, 어떤 교장은 전문성 개발에 초점을 맞추어 미니 워크숍을 열기도 한다. 온라인상에서 수시로 비대면 회의를 개최하는 교장도 있다. 어떤 방법을 택하든, 참여한 교사들이 회의를 가치 있는 것으로 여긴다는 것을 어떻게 알아볼 수 있을까?

물론 몸짓 언어와 다른 구체적인 단서들에 주의를 기울이는 것도 한 방법이다. 직접 의견을 구하고, 교직원 설문조사도 하고, 복도에 의견함을 설치할 수도 있다. 하지만 경험상 가장 간단한 방법은 학교에서 가장 훌륭한 교사 한 명 이상과 상담하는 것이다.

훌륭한 교사의 말 경청하기

제14장은 왜 훌륭한 교장이 모든 결정을 내릴 때 최고의 교사를 기준으로 해야 하는지 자세히 탐구한다. 본질적으로, 훌륭한 교사는 학교가 발전하기를 원하고, 교장이 성공하기를 원한다. 그들은 교장에게 긍정적인 화법으로 솔직한 의견을 제시한다. 교직원 회의가 영양가 없이 진행되고 있을 경우, 일반적인 교사들은 괜히 변죽을 울리거나 직설적으로 꼬집어 댄다. 하지만 그것은 회의를 개선하는 데 도움이 되지 않는다. 훌륭한 교사들은 감정을 자제할 줄 알며, 발전적이고 구체적인 의견을 제시한다.

그들은 아마도 이런 식으로 말할 것이다. "몇 가지는 아주 잘 진행되고 있는 것 같아요. 교육 관련 책이나 웹 사이트를 공유하는 것은 꽤 좋은 아이디어라고 생각해요." 그리고 뒤이어 이렇게 말할 것이다. "앞으로는 이런 방향도 괜찮을 것 같아요…….", "지난번처럼 소규모 모임을 할 때는요……."

그들은 과거에 대해 궁시렁대는 대신, 다음 회의가 더 잘 진행되도록 돕고 싶어 한다. 진정으로 훌륭한 교사는 심지어 봉사를 자원한다. "유용하게 쓰일 만한 자료를 제가 좀 가지고 있습니다." 또는 "그와 관련해서 보고서를 작성해 보겠습니다."와 같이 말할지도 모른다.

최고의 교사는 회의 안건을 다듬는 기술을 발휘해 당신을 도울 것이다. 회의 주제가 명확한지, 아이디어가 합리적인지, 더 나은 워딩은 없는지 생각하고, 회의가 잘 진행되고 있는지 엉뚱하게 흘러가는지를 살필 줄 안다. 그러고 나서 그들은 교장에게 유용한 피드백을 제공한다. 훌륭한 교사는 교장의 입장에서 생각하고 그들의 통찰력은 적확할 가능성이 높다.

자신감을 선물하라

교장이 교사들에게 줄 수 있는 가장 값진 선물은 자신감이다. 교사가 역량을 높일 수 있도록 지원하고, 그리고 적절한 때에 격려하고 칭찬하면 자존감을 향상시키는 데 큰 도움이 될 수 있다. 교실에서도 마찬가지다. 교사가 학생들에게 줄 수 있는 가장 값진 선물도 자신감이다. 우리는 모든 학생들이 자기주도적으로 학습하고 문제를 해결할 수 있도록 도울 수 있다. 이게 최고의 어른이 하는 일이다.

교장의 자신감은 스스로 확보해야 한다. 학교에서 가장 유능한 교사를 찾아내고 의지함으로써, 자신이 학교에서 어떻게 받아들여지고 있는지 정확히 인지하고 자신이 일을 제대로 해내고 있다는 자신감을 얻는다.

내가 첫 교장직을 맡은 곳은 아주 작은 학교였다. 어느 날, 훈육이 필요하다며 학생 한 명이 교장실로 인계되었고 나는 이 상황이 당황스러웠다. 교사 시절에 나는 학생을 교장실로 보낸 경험이 한 번도 없었다. 본능적으로 누군가와 상의를 해야 한다고 느꼈다. 나는 그 학교에서 가장 훌륭한 교사에게 도움을 요청했다. 최 선생은 내가 훈육 상황을 적절하게 다루는 데 도움이 되는 틀 몇 가지를 다음과 같이 제시해 주었다.

"교사가 학생을 교장실로 보냈다는 것은 교사가 이 사안을 매우 심각하게 여기고 있다는 의미입니다. 따라서 교장 선생님도 이를 중대한 사안으로 생각하고 있다는 것을 그 선생님에게 꼭 알려 주세요.", "학생의 부모에게도 따로 연락해 재발 방지를 당부해야 합니다.", "이런 일이 발생할 때마다 일관성 있는 처벌을 적용해서 해당 학생이 사안의 심각성을 인지할 수 있게 해주세요.", "조치를 취한 후에는 담당교사에게 연락해 교장실 훈육의 결과를 확실히 마무리짓는 것이 중요합니다."

최 선생의 이야기는 모든 면에서 옳았다. 그 학교에서 여러 해를 함께 보냈지만 그녀는 우리가 나눈 대화를 누구에게도 말하지 않았다. 물론 최 선생은 단 한 번도 교장실로 학생을 보내지 않았다.

훌륭한 사람들은 잘 알고 있다. 그러니 그들에게 도움을 요청하라. 훌륭한 교장이 교사에게 자신감을 선물하듯, 가장 훌륭한 교사는 교장이 필요할 때 곁을 지켜 준다. 훌륭한 교사들의 피드백을 통해 우리는 성장의 기회를 가질 수 있다. 우리가 누구인지, 무엇을 하는지에 대한 명확한 인식은 리더십을 이루는 중요한 요소이다. 교장이라는 직위가 갖는 힘 때문에 교사들은 솔직한 피드백을 망설일 수 있다. 따라서 우리는 언제나 처신에 유의해야 한다.

훌륭한 교장은 자신이 누구인지, 무엇을 해야 하는지
그리고 다른 사람들이 자신을 어떻게 인식하는지
정확하게 알고 있다.

4

누가 변수인가

● 무엇이 학교를 훌륭하게 만드는
가? 교실에서는 무엇이 가장 중요한가? 훌륭한 교장은 이 질문에 대
한 답을 알고 있다. 사실 이 질문은 '무엇인가'가 아닌 '누구인가'를 묻
는다. 유능한 교장은 교사들로 하여금 교실 안의 변수는 바로 교사 자
신임을 깨닫게 한다. 교실을 들여다보자.

교실 안의 변수는 누구인가

당신의 학교에서 내년에 가장 많은 학생을 학생부로 보낼 담임교
사가 누구인지 예견할 수 있는가? 내후년은 어떤가? 이 질문을 강의
실을 가득 메운 교장들에게 했더니 대부분이 예견할 수 있다고 답했
다. 그때 이렇게 물었다. "어떻게 아시나요? 벌써 학급별 분반이 다
되었나요?" 대답은 간단했다. 교실 내의 주요 변수는 학생이 아니라
교사라는 것이었다. 흥미로운 것은 이 질문을 교사들에게 해도 같은
반응을 보인다는 것이다. (일반적으로 예측이 불가능하다고 답하는 이는 두
세 명 정도로 그들은 가장 많은 학생을 학생부로 보내는 당사자들이다.) 이제 우리
모두가 이 사실을 알게 됐으니, 그것에 대해 이야기해 보자.

나는 교실 안에 코끼리가 있다면, 코끼리가 없는 척 살금살금 피해 다닐 것이 아니라 코끼리의 존재를 인정하는 것이 중요하다고 믿고 있다. 거대한 몸뚱이를 지닌 코끼리를 공격하거나 조롱하자는 것은 아니다. 단지 우리가 그것을 인식하고 대처할 조치를 취하자는 것이다.

유능한 교장은 모든 교사가 교실에 미치는 영향을 이해할 수 있도록 돕는다. 교사가 변수라는 개념을 명확히 할 수 있는 또 다른 방법이 있다.

학생들이 잘해 내지 못했다면?

이 주제에 대해서는 교사들과 함께 논의해 보길 바란다. 활용할 만한 질문 몇 가지를 제시해 보겠다. (미리 답을 알려 줄 테니 걱정할 필요는 없다. 누구에게 묻든 대답은 똑같이 나올 것이다.)

학교에서 가장 훌륭한 교사가 학생들에게 시험을 보게 했는데 성적이 대체로 좋지 않게 나왔다. 그는 누구를 탓할 것인가?

예상 답안은 '자기 자신'이다.

학교에서 가장 형편없는 교사가 학생들에게 시험을 보게 했는데 성적이 대체로 좋지 않게 나왔다. 그는 누구를 탓할 것인가?

예상 답안은 '학생, 학부모, 교장, 아이들의 작년 담임, 유튜브, 아이돌 그룹' 등이다.

교사는 교실에서 누구의 행동을 통제할 수 있을까?

답은 '자기 자신'이다.

두 그룹의 학생들 모두 좋지 않은 성적을 받았기 때문에 학생들은 변수가 아님을 알 수 있다. 유일한 변수는 낮은 성적에 대한 교사의 반응이다. 훌륭한 교사는 개선을 위해 지속적으로 노력하며 자신이 통제할 수 있는 것에 초점을 맞춘다. 즉 그들이 할 수 있는 일을 수행한다.

유능하지 못한 교사들은 무언가 다른 것이 변화되기를 기다린다. 훌륭한 교사는 대답을 자신에게서 구한다. 하지만 그렇지 못한 교사들은 대답을 얻어 내기 위해 다른 곳을 바라본다. 이들은 무엇인가 다른 요인들이 변해 줄 때만을 오래도록 그저 기다릴 뿐이다.

훌륭한 교사는 자기 반 아이들에 대해 책임을 진다. 그렇지 않은 교사들은 책임을 지려는 생각이 없다. 나는 학급 운영에 관한 연구를 많이 해 왔다. 그런 내가 문제 행동을 언급할 때, 누구의 행동을 말한다고 생각하는가? 당연히 교사의 행동이다. 그렇지 않다면 우리는 패배감에 빠지기 너무 쉽다. 누구나 자신의 행동에 초점을 맞출 때 비로소 변화를 만들어 낼 수 있다는 힘을 느낀다. 따라서 훌륭한 교장이라면 교사들의 책임감을 향상시켜야 한다. 물론 교장은 교사들보다 더 깊고 강한 책임 의식을 가져야 한다.

이 학교의 책임자는 누구인가요?

몇 년 전에 163개의 중학교를 대상으로 연구를 진행한 적이 있다. 연구 결과 '유능한' 교장이 있는 중학교 4곳과 '유능하지 못한' 교장이 있는 중학교 4곳을 선별해 냈다. (역량 있는 교장은 평균보다 표준 편차 1이 높았고, 역량이 부족한 교장은 1이 낮았다. 이는 교장의 효율성에 대한 전국적인 표준 평가인 교장 효율성 평가 Audit of Principal Effectiveness 에 대한 교사들의 응답을 근거로 하였고, 교사들의 응답은 전미중등학교장협회의 CASE Comprehensive Assessment of School Environments 를 통해 측정했다.) 각 4개 학교에는 도시 학교, 교외 학교, 소도시 학교, 시골 학교를 포함했다. 현장 방문과 교사 및 교장 면담 결과 역량 있는 교장과 그렇지 않은 교장의 주요 차이점이 드러

났다. 한 가지 중요한 차이점은 훌륭한 교장은 자신이 학교의 모든 측면에 책임을 져야 한다고 생각한다는 것이다. 비록 교장이 교직원, 학부모, 그리고 외부 관계자들을 정기적으로 의사결정에 참여시켰지만, 학교를 최고로 만들 책임은 교장 자신에게 있다고 믿고 있었다. 학교 내부의 요인이나, 예산 삭감이나 교육청의 결정 등 외부 요인에 상관없이, 역량 있는 교장들은 자신을 궁극적인 문제 해결사로 인식하고 있었다.

이와는 대조적으로, 덜 유능한 교장들은 학교 외부의 요소들이 학교의 성공을 좌우하는 것으로 여겼다. 그들은 학교 문제에 대해 외부의 영향력을 탓하는 데 거리낌이 없었고, 자신들은 그 결과에 대해 아무런 통제력이 없다고 느꼈다.

8개의 학교 중 교외의 중학교 두 곳의 사례를 살펴보자. 두 학교 모두 예산 삭감에 직면해 있었다. 역량이 떨어지는 교장은 삭감을 논의할 때 의회와 교육청을 싸잡아 비판하고 "이렇게 재정 지원을 삭감해 대니 아이들을 도우려 해 봐야 무슨 소용이 있겠습니까?"와 같은 발언을 했다. 교사들도 이 의견에 공감했고 교장이 학생들을 위해 별다른 노력을 기울이지 않는 것에 대해 동조하는 듯 보였다.

다른 하나의 중학교는 훨씬 더 큰 예산 삭감 통지를 늦게서야 받게 되었다. 학생 수는 650명, 교사와 학생 비율은 30:1에 달하지만 교감도 없는 상황인데 사서교사와 상담교사, 네 명의 정규직원을 내보내야 할 형편이 되었다. 예산 삭감으로 학급당 학생 수를 2~4명씩 늘려야 할 상황이었다. 그러나 교장은 도서관을 차질 없이 운영하기 위한 전략을 일찌감치 고민해 둔 상태였다. 3학년 학생들이 교내 봉사 프로그램의 일환으로 도서관에서 교대로 일을 할 수 있도록 계획했다. 또한 상담교사의 공백을 고려하여 기존의 자문 프로그램을 강화하겠다는 방침도 세웠다. 예산 삭감에 매우 실망했지만, 교장은 학생 중심의 해결책에 초점을 맞추기로 선택했다. 교사들도 인터뷰에서도 같은 견해를 보였다.

나는 초등학교 교장 중 유능한 그룹과 그렇지 못한 그룹을 대상으로 비교 연구를 한 적도 있다(Whitaker, Whitaker, and Lumpa, 2008). 당시 "누가 당신의 학교 분위기에 책임이 있는가?"라는 질문을 교장들에게 던졌는데 답변이 매우 흥미로웠다. 유능한 교장들은 "교장이지요."라고 응답했다. 그렇지 못한 교장들은 "교사들이죠.", "모든 구성원이요.", "우리 모두죠."라고 답했다. 이 연구 결과는 교장이 학교의 결정적 요소라는 주장을 뒷받침할 뿐만 아니라, 훌륭한 교장은 학교의 긍정적인 변화가 자신에게 달려 있음을 인지하고 있다는 사실도

뒷받침한다.

유능한 교장의 중요성을 일깨워 주는 가상의 시나리오 한 편을 소개한다. 당신의 아이가 2년 후 초등학교에 입학한다고 가정해 보자. 아이가 갈 수 있는 학교는 두 곳이고, 2년 후 두 학교 중 하나에 등록해야 한다. 당신은 최근 다음과 같은 정보를 입수했다. 한 학교는 교사진은 약하지만 정말로 뛰어난 교장을 임명했고, 다른 학교는 유능한 교직원을 자랑하지만 아주 형편없는 교장을 채용했다.

당신은 사랑하는 자녀를 위해 어느 학교를 선택할 것인가? 경험상 교육자들은 대부분 훌륭한 교장이 있는 학교에 자녀를 보내겠다고 응답할 것이다. 훌륭한 리더를 가진 학교라면 2년 안에 더 나은 학교가 될 것이 틀림없기 때문이다.

높은 기대치의 중요성

훌륭한 교사라면 학생들에게 높은 기대를 걸 것이다. 하지만 이것이 훌륭한 교사와 나머지를 구분 짓는 차이일까?

최악의 교사도 학생들에게 거는 기대가 클 수 있다. 그들은 학습 자료가 아무리 고리타분해도 학생들이 즐겁게 참여해 주기를 기대한다. 수업이 아무리 지루하더라도 학생들이 집중하기를 기대한다. 교사가 학생들을 어떻게 대하든 학생들이 예의 바르게 행동하기를 기대한다.

높은 기대치는 결정적 변수가 아니라는 뜻이다. 정말 중요한 것은 교사가 스스로에게 높은 기대치를 갖는 것이다. 훌륭한 교사는 학생들에 대한 기대도 높지만 자신에게 거는 기대는 훨씬 더 높다. 반대로 무능한 교사는 학생들에 대한 기대는 높지만 자신에 대한 기대는 훨씬 낮다. 뿐만 아니라, 그들은 다른 모든 사람들에게 비현실적으로 높은 기대를 가지고 있다. 그들은 완벽한 교장과 흠잡을 데 없는 학부모, 그리고 어떤 상황에서도 자신을 존중해 주는 동료를 기대한다.

이는 교장에게도 적용된다. 가장 유능한 교장과 가장 무능한 교장을 포함한 모든 교장이 교사들에게 큰 기대를 품는다. 평범한 교장과 훌륭한 교장의 차이는 남들에게가 아닌 자신에게 무엇을 기대하느냐에 달려 있다.

훌륭한 교장과 훌륭한 기업인

다른 직업과 달리 교사들은 지역사회에서 관심의 표적이 되기 쉽다. 많은 교사가 이러한 관심(대부분의 경우 비난)을 불편하게 여기지만 훌륭한 교사는 자신을 기꺼이 표적의 위치에 놓는다.

우리는 끊임없이 학교와 교사들에 대한 비판을 읽거나 듣는다. 그 비판에서 살아남으려면 우리는 이들을 표면 그대로 받아들이기보다 전후 맥락을 먼저 파악해야 한다. 우리를 비판하는 사람들은 대부분 그들 자신의 상황이나 필요에 의존할 뿐이다. 마찬가지로 그들이 말하는 훌륭한 성과 역시 타인의 기준이 아니라 그들 자신이 정해 놓은 기대치에 따라 정해지게 마련이다.

몇 년 전, 지역 상공회의소에서 모임을 가졌다. 모임의 목적은 기업과 학교교육 사이의 교류를 늘리자는 것이었다. 교육감은 교장인 나와 두 명의 우리 학교 교사에게 교육청을 대신해 참석해 달라고 부탁했다. 회의장에 들어설 때까지는 좋은 소리만 들었다. 그런데 원탁에는 비즈니스 '리더'라는 사람들이 15명이나 앉아 있었고 교육계 관계자는 단지 우리 세 명에 불과했다.

기업가들은 '오늘날의 교육이 참 문제다.'라는 인식을 공유하고 있었고 돌아가면서 한 명씩 실망감을 표출했다. "우리 회사에는 사칙연산도 할 줄 모르는 사람이 있어요."라고 누군가 푸념했다. "우리 회사도 마찬가지예요."라며 동조하는 이도 있었다. "사원들이 제시간에 출근을 해야 말이죠."라는 말도 나왔다. "우리 직원들은 윗사람과 잘 지내는 방법을 도통 몰라요."라는 불평도 터져 나왔다. 교사들을 바로 앞에 앉혀 놓고 한다는 소리가 참……. 반 시간이 지나서야 우리 차례가 되었다.

　나는 진심을 담아서 말했다. "여러분의 관심사를 보니 일정한 패턴이 있는 듯합니다. 어떤 사원은 더하기 빼기도 못하고, 읽고 쓸 줄도 모르며, 정시에 출근도 안 하고, 지시를 따르지도 않고……. 기업가들은 적극적으로 고개를 끄덕였다. 나는 그들을 보고 물었다. "누가 그들을 고용했나요?"

　나는 계속했다. "나는 고등학교에서 진로 지도를 담당한 적이 있습니다. 하지만 고용주로부터 학생에 대한 참고 자료를 요구하는 전화를 단 한 통도 받은 기억이 없습니다. 만약 사장님들께서 입사지원자가 사칙연산을 할 수 있는지 알아보고 싶다면 우리는 쉽게 정보를 제공할 수 있습니다. 그렇다면 여기서 무엇이 문제였을까요?"

　나는 누구든 자신의 일에 대해 책임감을 가져야 한다고 믿는 사람이다. 그들은 내 앞에서 나의 소중한 신념을 건드렸다. 자신의 역량에는 관심이 없고 직원들에게만 높은 기대를 거는 사장님들을 이대로 내버려둘 수는 없었다.

　"시내에 있는 네 개의 피자가게 중 왜 두 집은 서비스가 최상인데 다른 두 집의 종업원들은 형편없을까요? 시내의 동쪽에 있는 채소가

게에 가 보세요. 거기서는 다정한 미소를 머금을 수밖에 없습니다. 서쪽 가게에서는 늘 불쾌한 마음이 들지요. 왜 이런 차이가 생겼을까요? 이 여섯 개의 가게는 모두 똑같은 채용 사이트에서 사람을 구했고 모두 똑같은 시급을 지급합니다. 도대체 무엇이 문제일까요?"

"우리 모두는 답을 압니다. 바로 관리하는 사람들의 능력이지요. 유능한 관리자라면 자신이 고용한 사원들에게 적절한 교육을 제공하는 것이 자신이 할 일이라고 생각합니다. 마치 유능한 담임교사가 자기 반의 학생을 책임지고 돌보는 것처럼요. 사장님들과 달리 그 교사에게는 학생에 대한 선택권이 없는데도 말입니다. 자 이제, 비난 대신 어떻게 하는 것이 생산적이고 효율적인지 알아볼까요?"

휴! 이 말은 꼭 해야겠다. 확실히 그들은 경청을 하고 있었다.

책임감의 유무는 기업가나 교사나 교장이나 심지어 학부모까지도 그들이 유능한지 아닌지를 판단하는 중요한 요소다. 교장으로서 우리는 스스로의 책임 의식을 늘 돌아봐야 하고, 더 나아가 모든 교사가 자기 교실에서 책임감 있게 가르치도록 도와야 한다. 수시로 거울을 보며 '누가 잘하면 되지?'라고 스스로에게 묻자. 이 방법은 곧 교사의 역량을 끌어올릴 것이고 학생들에게 전이되며 결국 학교는 놀랍도록 발전할 것이다.

기업이든 학교든 어떤 조직이든 리더가 스스로에게 질문을 던질 때 성공은 시작된다. 결국 가장 손쉽고 생산적으로 영향을 끼칠 수 있는 변수는 다름 아닌 우리 자신이다.

훌륭한 교장은 자신의 성과뿐 아니라
학교의 모든 면면에 책임을 진다.

5

늘 칭찬하고 존중하라

● 훌륭한 교장의 특징 중 하나는 사람을 대하는 방식에 있다. 훌륭한 교사처럼 훌륭한 교장도 상대를 정중하게 대한다. 특정한 몇몇만 존경으로 대하거나, 한정된 상황에만 공손한 태도로 임하는 것은 누구나 할 수 있는 일이다. 진정 어려운 일은 모든 사람을 하루도 빠짐없이 존중으로 대하는 것이고 훌륭한 교장은 늘 그렇게 한다.

절대 잊을 수 없는 순간

누구나 적어도 한 번은 직장 생활 중 상급자에게 부당한 대우를 받았던 순간을 떠올릴 수 있다. 아무리 오래되었을지라도, 혹은 그 상급자가 평소에는 친절한 사람이었을지라도, 우리는 그 부적절한 순간을 평생 기억한다. 학교에서도 마찬가지다. 한 달에 한 번, 아니 일 년에 한 번이라도 학생이나 교직원에게 비꼬거나 상처 주는 말을 내뱉었다면 그것은 생채기를 돌에 새긴 것이나 다름없다. 그들은 그 순간을 잊은 척하며 지낼 테지만, 결코 잊지 못할 것이다. 그것을 목격한 다른 사람들도 아마 오래도록 기억할 것이다.

이것은 교직원뿐만 아니라 교실에 있는 모든 학생에게도 해당된다. 예를 들어 보자.

교사 편에 선 24명

오늘은 개학 첫날이다. 교실 안의 25명의 학생 중 24명이 개학 첫날에 걸맞게 행동을 잘하고 있다. 하지만 한 학생은, 25번 학생이라 부르겠다, 적응을 하지 못하고 있다. 사실 그 아이는 매우 비협조적이고 제멋대로이다. 이 시점이 아직 다른 역학관계가 형성되기 전이라고 가정하면, 나머지 24명의 학생들은 교사의 편에 설 것이다. 25번 학생이 못난 행동을 멈추도록 선생님이 적절한 조치를 취해 주기를 기대한다. 하지만 아이들은 25번도 학급의 일원이기 때문에, 특별한 기대를 한다. 모두가 25번의 나쁜 행동이 멈추길 바라지만, 선생님이 전문적이면서도 학생을 존중하는 방식으로 해결해 주기를 기대한다. 교사가 그렇게 하는 한, 아이들은 계속 선생님의 편에 머물 것이다. 하지만 교사가 25번을 전문적이지 못한 방식으로 대하는 순간, 25번의 잘잘못과는 상관없이, 아이들은 25번 편을 들게 될 것이다. 그들 모두가 바로 태도를 바꾸지는 않을지라도 일부는 그렇게 할 것이고 이제 교사의 학급에는 25번과 같은 학생이 여럿 생길 것이다.

이런 일이 자주 일어난다면, 결국 그 학급엔 25명의 25번만이 남고, 교사의 편에는 아무도 서지 않게 될 것이다.

교장이 학생, 학부모, 교직원을 대할 때도 마찬가지다. 사람들은 옳고 그름의 차이를 알고, 지도자가 무책임한 동료의 문제를 해결해 주기를 기대한다. 교장이 늘 적절하고 전문적으로 대응하면, 사람들은 교장의 편에 설 것이다. 하지만 그러지 못하는 순간, 지지자 일부를 잃을 것이고 다시는 그들을 되찾지 못할 수도 있다. 특히 어려운 상황에서 높은 수준의 품위를 유지하는 것은 매우 중요한 기술이다. 훌륭한 교장은 이 기술을 가지고 있지만 다른 교장은 그렇지 못하다.

행동은 신념보다 중요하다

교장 시절, 나는 교사들에게 늘 이렇게 말하곤 했다. "교사가 반드시 학생들을 좋아해야 하는 것은 아닙니다. 다만 그들을 좋아하는 듯 보여 주는 것이 중요합니다." 이유는 간단하다. 당신이 학생들을 좋아하지 않는 것처럼 행동하면, 아무리 그들을 위해 마음을 써도 학생들은 알아주지 않을 것이다. 당신이 가장 존경하는 선생님을 떠올려 보라. 그분들이라고 전혀 편애를 하지 않았을까? 물론 그들도 인간이기에 편애하는 마음이 있었을 것이다. 그러나 그들은 마음에 들 리 없는 학생도 최고의 학생인 것처럼 공평하게 대했을 것이다. 학생이 좋든 싫든 훌륭한 교사는 모두를 좋아하는 것처럼 행동한다.

이제 최악의 교사를 생각해 보자. 물론 그들에게도, 유독 마음에 드는 학생들이 있다. 그런데 교사의 행동을 보면, 그가 어떤 학생도 그다지 좋아하지 않는 것처럼 보일 것이다. 우리의 행동은 우리의 신념보다 훨씬 더 분명하다. 이 개념은 책 뒷부분에서 조금 더 자세히 설명할 것이다. 교장이 매일매일 사람들을 어떻게 대하느냐는 그들의 성공에 매우 중요한 요소로 작용한다.

늘 긍정적으로

리더의 중요한 임무 중 하나는 긍정적인 분위기를 만드는 것이다. 교사들을 소진시키는 일들은 부지기수다. 문제를 일으키는 학생, 화가 난 학부모, 한정된 자원. 그러나 교직에서(그리고 인생에서) 우리는 이들을 피할 수 없다. 리더로서 교장의 역할은 부단히 긍정적인 접근을 하는 것이다. 특별히 유능한 리더들은 칭찬의 힘을 알고 있다.

《훌륭한 교사는 무엇이 다른가》에서, 나는 효과적인 칭찬의 몇 가지 기술을 개략적으로 설명했다. 여기서 모두 반복하지는 않겠지만, 한 가지 핵심 개념에 초점을 맞추고자 한다. 칭찬은 진정성이 있어야 한다. 이것은 세계 신기록과 같은 엄청난 성취만을 칭찬해야 한다는 의미가 아니다. 그저 진정한 칭찬이면 된다는 의미다. 그게 전부다. 칭찬을 싫어하는 사람은 없다. 사실 지나친 칭찬이란 있을 수 없다. 만약 이 말이 의심된다면 생각해 보자. 당신은 지나치게 많은 칭찬을 받은 적이 있는가? 물론 그렇지 않을 것이다. 누군가로부터 억지스러운 칭찬을 받은 일이 있을 수는 있지만, 진정한 칭찬이라면 누구든 끝없이 열망할 것이다.

교장이 칭찬을 얼마나 많이 할지는 전적으로 교장에게 달려 있다. 게다가 내가 누군가를 칭찬할 때마다 적어도 두 명은 기분이 좋아진다. 그중 한 명은 나 자신이다. 그렇다면 왜 칭찬을 주저하는 것일까? 교장과 교사들에게 왜 그렇게 칭찬에 인색한지 질문했을 때 받는 가장 일반적인 대답 세 가지를 소개한다.

이유 1. 칭찬을 받으면, 열심히 하던 일을 멈출 수 있다.

학생들이 당신에게 오늘 수업이 정말 재미있었다고 탄사를 보내면 당신은 이후에 어떻게 행동할까? 다음 수업에서 게으름을 피우고 동영상이나 틀어 주며 시간을 때울까? 그럴 리 없다. 다음 수업에서는 더 재미있게 가르치려 애쓸 것이다. 다이어트 중인 당신에게 누군가가 "몸이 많이 날씬해졌네요!"라고 하는 것과 "이제 빠질 때도 되었는데…"라고 하는 것 중 어떤 말이 당신에게 격려가 될까? 간만에 마당 잔디밭 깎은 것을 이웃이 알아봐 주면 다음번에는 대충 깎게 될까? 정반대일 것이다. 다음번엔 아마 더욱 보기 좋게 다듬으려 애쓸 것이다. 칭찬의 효과를 눈으로 확인하고 싶다면 우리 집에 와서 옆집 잔디밭을 구경해 보라!

이유 2. 누군가를 칭찬하면, 칭찬받지 못한 이들은 감정이 상할 수 있다.

그렇다면 아무도 칭찬하지 않는 게 더 나을까? 칭찬받아야 하는 이들 중 아무도 칭찬받지 못한다면 이는 누구를 위한 것인가? 다른 사람이 칭찬받는 것을 못마땅해하는 사람은 대개 자존감이 부족하기 때문이다. 이들을 의식해 칭찬을 줄일 게 아니라 오히려 칭찬할 대상을 더 찾아보고 알아봐 주는 것이 효과적인 방법이다. 칭찬은 역량 있는 사람들과 효과적으로 일하는 중요한 열쇠 중 하나다.

이유 3. 칭찬할 시간도 없이 바쁘다.

그렇게나 바쁘다면 투덜대고 징징대고 불평할 시간도 없어야 마땅하다. (비꼬는 투로 들렸다면 죄송!) 칭찬을 가장 잘하는 세 명의 교사를 떠올려 보라. 이제, 학교에서 가장 훌륭한 교사 세 명을 떠올려 보라. 겹치는 교사가 있는가? 최고의 교사가 학생을 대하는 것처럼 누군가 나를 대접해 준다면 좋을 것 같다. 나에게 존칭을 쓰고 고맙다고 해 주면 굉장히 기분이 좋다. 교장의 긍정적인 태도는 학교 안의 모든 사람들의 관계에 영향을 줄 수 있다. 내키지 않을 때도 칭찬을 해야 한다. 학교의 긍정적인 분위기를 교장이 나서서 조성하지 않으면 누가 할 수 있을까? 교장이 노력하지 않으면 불평불만이 대세가 된다 해도 놀랄 일은 아니다.

지나치게 친절한 태도란 없다

이 책을 읽는 모든 교장이 수많은 요구에 직면해 있음을 안다. 그리고 그 요구는 점점 더 많아지고 있다. 특수교육, 대안교육, 학교폭력 예방, 금융교육, 그리고 교육청이나 정부의 지침까지 이 모든 것들이 학교와 교장에게는 부담으로 작용한다. 모두가 필수적이라 무엇 하나 소홀히 할 수도 없다. 잘하고 있는 건지 과하게 하고 있는 건지 아무리 토론해도 결론을 내릴 수 없다. 하지만 한 가지는 확실하다. 우리에게 '지나치게 친절한 행동'이란 있을 수 없다는 사실이다.

역량 있는 교장은 학생들에게 늘 좋은 본보기가 되는 교사야말로 훌륭한 교사임을 알고 있다. 학교에서, 그리고 집에서도, 자주 어려운 상황을 헤쳐 나가야 하는 교장들로서는 주변 사람들에게 친절하게 대하는 것 따위는 쉽게 잊곤 한다. 하지만 교실과 학교가 늘 친절한 사람들로 가득하다면 우리는 어떤 어려움에 직면해도 덜 겁먹을 것이다. 사람을 어떻게 대해야 하는지 늘 좋은 본보기가 되어 주는 교장은 학교에 가치 있는 선물을 안겨 주는 셈이다. 그리고 결국에는 학교의 모든 구성원이 이 선물을 주고받게 될 것이다.

당신이 모두를 존중으로 대한다고 해도 딱히 특별한 일이 생기지는 않을 수 있다. 그러나 장담하건대, 학교의 모든 구성원이 존중받지 못하는 학교라면 당신은 결코 특별한 성과를 이룰 수 없을 것이다.

훌륭한 교장은 긍정적인 분위기 조성에 힘쓰며
모든 사람을 존경으로 대한다.
특히 칭찬의 힘을 이해한다.

6

학교의 필터가 되자

● 　　　　　　　　　　교사는 학교 현장에서 필터의 역할을 한다. 이 사실을 인식하든 인식하지 못하든, 교사의 평소 행동은 교실 전체의 분위기에 영향을 끼친다. 만약 교사가 투덜대고 불평하는 말을 학생이 엿듣게 된다면, 며칠 동안 학생들의 이야깃거리가 될 수도 있다. 그것이 아무리 사소한 내용이라도 말이다. 마찬가지로 교사가 긍정적인 자세로 어떤 일을 대한다면, 그것이 그대로 학생들에게 투영된다. 최고의 교장이라면 이 사실을 알고 불순물과 진짜를 신중하게 구별해 낸다.

오늘 어떠세요?

우리는 하루에도 여러 번 이런 인사를 받는다. 이에 대한 우리의 반응은 다른 사람에게 영향을 줄 뿐 아니라, 나아가 우리에 대한 선입견을 심어 주기도 한다. 중요한 것은 대답하는 방법이 우리의 선택에 달려 있다는 점이다.

당신은 동료 교사에게 미소를 띠며 "아, 좋아요. 선생님은요?"라고 대답할 수 있다. 아니면 "지민이란 녀석 때문에 영 신경이 쓰이네요."라고 대답할 수도 있다. 그 순간 동료 교사도 지민이에게 마음을 쓰게 된다. 그가 지민이를 알든 모르든 상관없이 말이다. 만약 초등학교 2학년 학생들이 자기들이 그린 협동화가 마음에 드느냐고 묻는다면, 당신은 어떤 대답을 해줄 것인가? 배우자에게 "여보, 나 이 바지 입으니까 뚱뚱해 보여?"라는 질문을 받았다면, 어떤 대답을 할 것인가? 필터를 통해 어떤 것을 걸러내고 어떤 것을 그대로 내보낼 것인지는 당신에게 전적으로 달려 있다.

당신의 기분부터 필터링하라

훌륭한 교장이 기분이 나쁘다면, 얼마나 많은 사람들이 그것을 알아차릴까? 단 한 사람, 교장 자신이다. 무능한 교장의 기분이 안 좋다면, 얼마나 많은 사람들이 그것을 알게 될까? 아마도 학교 구성원 모두가 알게 될 것이다. 무능한 교장은 자신의 기분을 사람들이 알아주길 바라며 대놓고 공지하는 경우가 많다.

나쁜 소식 쏟아 내기 vs 필터링하기

최근 어느 시의 교장단 협의회에 초대되어 발표자로 나선 적이 있다. 오전 회의는 아주 잘 지나갔다. 그런데 오찬 회의 중에 교장단의

한 대외협력 담당 임원이 분위기를 흐리기 시작했다. 그는 거칠게 마이크를 잡으며 "저는 이번 회기에 시의회에 우리의 뜻을 전달하기 위해 최선을 다하고 있습니다. 그러나 여러분이 알아야 할 것이 있습니다. 나쁜 법률이 제정될 가능성이 있습니다. 나쁜 법률이요." 그리고 그는 자리에 앉았다. 순간, 바늘 떨어지는 소리도 들릴 만큼 분위기는 차갑게 가라앉았다.

나쁜 법률이라…. 이게 도대체 무슨 의미일까? 그곳에 앉아 있던 사람들은 상상할 수 있는 모든 재앙을 떠올리며 심란해했다. 우리가 알 수 있는 것은 아무것도 없었다. 무슨 일이 일어난 것일까? 그 임원은 시의회와 교장단 사이에서 필터 역할을 해야 하는 사람이었다. 무엇을 공유하고 무엇을 걸러야 할지 결정할 수 있는 권한이 그에게 있었다. 그는, '나쁜 법률'이란 그저 잠재적인 것이며 제출된 법안 대부분은 매년 도중에 무산된다는 사실도, 이 새로운 법안이 학교에 어떤 영향을 끼칠 것인지도, 일선 학교에 도움이 되는 여러 법안이 시도되고 있다는 사실도, 그리고 교장단이 이들에 대해 무엇을 해야 하는지도 모두 걸러내 버린 채 나쁜 뉴스만을 우리 앞에 쏟아내 버렸다.

그는 의도치 않게 모두의 마음가짐을 망가뜨렸다. 미래를 준비하던 교장단에게 낙담을 안겨 주고 다음날 학교로 돌아가고 싶은 열망을 빼앗았다. 아무도 그가 거짓말을 했다고 비난하지는 않았지만, 그가 걸러낸 진실은 매우 치명적이었다. 교장은 학교의 필터가 되어야 한다. 우리가 어떤 필터가 될지는 우리 자신에게 달려 있다.

불필요한 걱정거리 퍼뜨리지 않기

다음에 두 가지 필터로 투사된 시나리오 하나를 소개한다. 어떤 일이 일어났는지 살펴보자. 수민이 엄마가 어느 날 당신을 찾아왔다. 평소에도 자주 학교에 오는 그녀는 늘 불만에 가득 차 있는 사람이다. 그날도 그녀는 이미 화가 난 상태였고, 당신은 묵묵히 화풀이 대상이 되어야 했다. 그녀가 떠나고 나서 복도를 걷는데 동료가 "안녕하세요?" 하고 인사를 한다. 당신은 어떤 대답을 할 것인가.

당신이 "네, 안녕하세요. 선생님도 잘 지내시지요?"라는 대답을 선택했고 그도 안녕하다면 두 사람은 계속 웃으며 걸어간다. 동료에게 걱정거리가 있었다 해도, 최소한 당신이 그에게 걱정거리를 더하지는 않은 것이다.

그런데 당신은 그 반대의 대답을 선택했다. "아, 방금 골치 아픈 수민이 엄마를 만났어요. 세상에! 그 여자 정말 대단해요. 정말 다시는 안 봤으면 좋겠어요. 끔찍하다니까요." 여기서 당신이 얻은 것은 무엇인가? 당신은 그 교사가 수민이 엄마를 두려워하게 만들었다. 그리고 당신이 수민이 엄마에 대해 이러쿵저러쿵 말하는 바람에, 다른 교사들조차 그 악명 높은 학부모를 만날까 봐 걱정하게 되었다. 어떤 교사는 수민이라는 학생을 맡게 될까 미리부터 걱정할 수도 있고 학교에 학부모를 부르는 일 자체를 꺼리게 될지도 모른다. 쓸데없는 걱정을 하게 된 그 교사는 학생에게 쏟아야 할 에너지를 엉뚱한 곳에 낭비한다. 교사의 반응은 학교에 영향을 끼친다. 불필요한 걱정거리는 생산적인 환경을 저해할 수 있다.

불필요한 나쁜 소식이 퍼지지 않도록 교장이 주의를 기울이면 학교는 훨씬 더 생산적인 곳으로 변모할 것이다. 교육청 회의에 불려가 학업성취도와 관련해 장광설에 시달린 교장이 학교로 돌아왔는데 어느 교사가 "교육청 회의는 어땠나요?"라고 묻는다면 훌륭한 교장은 어떻게 반응할까? 아마도 "괜찮았어요. 선생님은 요즘 어때요? 잘 지내죠?"라고 답할 것이다. 물론 학업성취도 향상을 위한 노력은 계속해야 마땅하지만 광범위한 우려를 초래하는 생각 없는 말과 행동은 늘 조심해야 한다.

교장이 재채기를 하면

교장이 재채기를 하면 학교 전체가 감기에 걸린다. 이것은 좋은 것
도 나쁜 것도 아닌 그저 사실일 뿐이다. 교장의 영향은 매우 커서 교장
의 관심사는 학교의 관심사가 된다. 교장에 대한 신뢰가 높고 교직원
과의 관계가 좋으면, 사람들은 교장을 기쁘게 하려고 일한다. 교장의
신뢰가 부족하면, 사람들은 교장에게 불리하게 일한다. 교장이 원하
는 바를 분명히 하면 지지하는 교사들은 그를 위해 일할 것이고 반대
자들은 시간을 끌거나 할 것이다. 교장이 어느 정도의 신뢰를 구축하
는지에 따라 양쪽의 숫자가 결정된다. 교장은 노력과 에너지를 사소
한 골칫거리에 돌리지 말고, 중요한 문제들에 주의를 기울여야 한다.

딱밤 금지

몇 년 전 어느 중학교를 방문하여 퍽 훌륭한 교사의 수업을 참관할
때의 일이다. 학생들은 차분하게 과제에 집중하고 있었는데 그때 갑
자기 스피커에서 교장의 목소리가 흘러나왔다.

"우리 학교의 학생들은 지금부터 즉시 딱밤 때리기를 멈추세요. 다른
학생을 때리는 학생이 아주 많아요. 딱밤이란 엄지손가락으로 중지를

잡아당겼다가 순간적으로 놓아 친구 이마에 사정없이 튕기는 것입니다. 우리 학교에서는 딱밤 장난이 더이상 없기를 바랍니다. 이 행동을 하다 걸린 학생은 누구든 학생부로 불려 올 것입니다.”

그 순간 교실을 둘러보니, 과제에 집중하고 있는 학생은 이미 단 한 명도 없었다. 모두가 자기 이마에 혹은 짝의 이마에 딱밤을 놓고 있었다. 사실 나도 어떤 느낌인지 알아보려고 딱밤 놓을 준비를 하고 있었으니 참 어이없는 노릇이다. 사소한 골칫거리를 걸러내지 못하고 쏟아 낸 교장의 예시라고 할 수 있다.

회의의 목표

나는 교사들과 함께하는 회의를 정말 좋아한다. 예나 지금이나 그렇다. 교장으로 일하던 시절, 실력 있는 교육자들과 함께 이야기를 나눌 수 있는 시간은 늘 소중하게 느껴졌고 나는 그 기회를 최대한 활용하고자 노력했다. 서면으로 처리할 수 있는 사안인데 바쁜 교사들을 모이게 하거나 그저 공지사항을 읽어 주는 수준의 회의는 지양했다. 무엇보다, 정기 회의는 교사의 역량 개발의 기회로 삼고자 했다.

그러나 회의의 목적과 주제가 무엇이든 간에 나는 거기에 항상 한

가지 목표를 더 추가했다. 바로 교사들이 오늘보다 내일 더 즐겁고 신나게 가르칠 수 있도록 돕는 것이다. 교장은 회의를 어떤 분위기로 끝낼지 정할 수 있다. 회의를 긍정적 분위기로 마무리하면 교사들은 열정을 갖고 내일에 도전한다. 당신이 학교의 분위기를 신경쓰지 않는다면, 장담하건대 다른 누군가가 멋대로 분위기를 끌고 갈 것이다. 훌륭한 교장은 긍정적인 태도가 교사에게 학생에게 학교 전체에 퍼져 결국 자신에게 돌아온다는 것을 알고 있다. 학교를 긍정적인 분위기로 유지하면 당신이 하는 모든 일의 결과가 한 층 더 업그레이드되어 돌아올 것이다.

이제껏 가르친 아이들 중 최악이야!?

이런 타령을 들어 봤는가? 해마다 때가 되면 두세 명의 교사가 같은 노래를 부른다. 그들은 지쳤다. 학년 초에 학생들과 가졌던 행복한 시간은 벌써 끝이 났다. 교사들은 새 학기가 되면 학생들과 새로운 관계를 형성하기가 어렵다고 불평한다. 그러한 불평은 문제를 해결하는 데 아무 도움이 되지 않는다. 나의 실제 경험으로 보면 그런 단정은 아무런 근거가 없다.

최근 학부모 총회를 마친 후, 한 교사가 불평하는 소리를 들었다.

"부모들이란 오로지 자기 자식들밖엔 관심이 없다니까요." 나는 도대체 그 부모가 자기 자식이 아니면 누구에게 관심을 가져야 할까 생각하며 혼자 웃었다. 자동차 정비소에 차 수리를 맡겼을 때, 옆 차의 수리에 더 많은 관심을 가져서야 되겠는가? 불평하던 그 교사는 아이에게 관심이 없는 학부모와 의논하고 싶은 것인가?

"최악의 아이들"이라고 누군가가 불평할 때마다 나는 자동차 정비소가 떠오른다. "죄송합니다, 고객님. 맡겨 주신 차를 수리하지 못했습니다. 고객님의 차는 지금까지 제가 본 차 중 최악입니다." 이런 변명을 들은 고객의 기분은 어떨까? 그 정비사가 아무리 뛰어난 기술을 갖고 있다 해도 다시는 그를 찾지 않을 것이다.

인식은 현실이 될 수 있다. "애네들은 최악이야."라고 불평하는 교사는 머지않아 그것을 사실로 믿기 시작한다. 교사는 믿는 대로 학생을 대하고, 불행하게도 학생은 교사가 믿는 대로 행동하기 시작한다.

인식을 전환하는 데는 다른 인식을 투입하는 것이 가장 좋은 방법이다. 훌륭한 교사는 그것을 잘 안다. 교장 취임 첫해의 일이다. 학년 시작 직전인 2월에 발령을 받아 집무를 시작한 나는 미처 교직원과 상견례를 하지 못했다. 교사들이 교장실에 한 명 두 명 들르기 시작했다. 그들은 학생들에 대해 불평했다. "지금까지 가르친 아이들 중 최악"이라고. 교장 첫해를 시작하기가 무척 두려웠다. 이 아이들이 여느 학생들과 엄청나게 다른 학생일 거라고 곧이곧대로 믿었기 때문이다. 학교 주변을 둘러보고 복도를 순회해 보니 그 생각이 맞는 것 같았다. 학생들은 너무나 형편없었고 첫날부터 '땡땡이'를 치는 아이들도 상당수 있었다.

물론 그 학교에 문제아들이 있었던 것은 사실이었고, 그들은 우리가 생각하는 바로 그런 문제아가 맞았다. 그러나 얼마 지나지 않아 교사의 인식은 궁극적으로 학생을 가르치는 표지판이 된다는 것을 깨달았다. 내가 이런 생각을 바꾸지 않았다면, 이 생각은 그대로 현실이 되었을 것이다.

나는 무엇을 해야 하는지 생각했다. 3월 말쯤 되어 교육청 연례 교장 회의에 참석했다. 원탁토론으로 마련된 회의 시간에 교장들은 가장 골치 아픈 문제와 관련해 불만을 토로했다. 나는 우연히 아주 부자 학교의 교장 옆에 앉게 되었다. 그 학교라면 아무런 문제가 없을 것이라고 생각했다. 그 학교는 학력평가에서 항상 최상위권에 자리했고, 그 학교 운동부는 수많은 종목에서 연승을 거두었으며, 교사들의 평판도 그 지역에서 가장 좋았다. 그러나 그 교장이 학교의 가장 골치 아픈 문제를 말했을 때 나는 아연실색했다. 학생들이 속옷에 본드를 숨기고 다닌다는 것이었다.

　그 경험은 어떤 일을 긴 안목으로 보는 계기를 만들어 주었다. 나는 우리 학교 교사들과 이런 깨달음을 공유하기로 마음 먹었다. 다음 교무회의에서 그 이야기를 슬쩍 꺼냈다. 내가 그 교장 옆에 앉았다는 사실을 안 직원들은 내가 유명 연예인을 만난 것마냥 흥분했다. 그러나 우리 지역에서 가장 명성이 자자한 학교의 학생들이 속옷에 본드를 숨기고 다닌다고 말했더니, 교사들은 할 말을 잃은 듯했다. 나는 우리 학교에서 가장 큰 문제를 언급했다. 가장 큰 문제라고 해 봤자, "어느 남학생이 사물함에 이상야릇한 스티커를 자꾸 붙인다." 따위였다. 우리 학생들의 문제가 대수롭지 않은 것임을 알리려는 나의 속셈에 교사들은 웃음을 터뜨렸다. 그리고 이내 깨달았다. '지금까지 가르친 아이들 중 최악의 집단'이 만들어 낸 문제 대부분이 속옷에 숨기는 본드 문제보다는 사물함의 스티커 문제에 더 가까웠다는 것을.

　우리가 교육계에서 일하게 된 것은 정말 행운이다. 그러나 때때로 우리가 얼마나 축복받았는지를 잊는다. 별로 중요하지 않지만 부정적인 것들을 끊임없이 걸러내고 긍정적인 태도를 서로 나눔으로써 우리는 훨씬 더 성공적인 환경을 만들어 낼 수 있다. 의식하든 그렇지 않든 우리는 교실과 학교의 분위기를 결정하는 존재이다.

훌륭한 교장은 끊임없이 불순물은 거르고
긍정적인 태도를 공유한다.

7

지시만 하지 말고 가르쳐라

● 　　　　　　　　　　물론 학교에서 가장 중요한 사람은
학생이다. 그러나 훌륭한 교장은 교사들에게 집중하고 교사들을 가
르치는 데 주력한다. 학생들에게 특출한 학습 환경을 제공하는 가장
좋은 방법은 그들이 뛰어난 교사와 함께하도록 하는 것이기 때문이
다. 뛰어난 교장이 학생들에게 집중하는 방법은 바로 교사 역량 강화
에 힘을 쏟는 것이다.

2장에서 언급했듯, 학교를 획기적으로 발전시킬 수 있는 방법은
더 나은 교사를 확보하거나 기존 교사를 향상시키는 것이다. 우수한
교사를 채용하는 방법은 8장에서 다룬다. 이번 장에서는 훌륭한 교장
이 교사의 역량을 끌어올리기 위해 무엇을 하는지 알아본다.

교사는 자신이 아는 방식으로 최선을 다한다

대부분의 교사는 자신이 아는 방식 안에서 최선을 다한다. 교장으
로서 교사들이 더 잘하기를 원한다면, 그들의 기술을 향상시키거나
새로운 기술을 익히도록 도와야 한다. 자신이 배운 방식으로 늘 최선
을 다하는 교사라면, 이제 자신이 익힌 새로운 기술을 실행에 옮기고

자 애쓸 것이다.

이게 말이 되는지 학급 운영에 대한 것부터 살펴보자. 만약 교장이 교사들이 잘 모르는 것을 무턱대고 하라고 지시한다면, 그들은 좌절하게 되고 교장으로부터 거리를 두려고 할지 모른다. 가르치지도 않고 지시만 하는 사람은 스스로도 방법을 모른다고 공표하는 것이나 다름없다.

모든 교사는 자신이 아는 최고의 방법으로 최선을 다해 학급을 운영한다. 학급 운영 비법은 모든 교사에게 최대의 관심사이다. 학급 운영을 더 잘할 수 있는 방법을 알게 된다면 그들은 기꺼이 받아들일 것이다.

이는 모든 인간의 본성이다. 교장이 이를 인식해야 교사들을 변화시킬 수 있다. 변화는 학급 운영뿐 아니라 교직 전반에서 일어날 것이다. 모든 교사는 자신이 아는 선에서 최선을 다한다. 그러므로 교장은 교사가 아는 수준을 한층 더 높이는 데 주력해야 한다.

수업 운영이 미숙한 교사

학교에 다녀 본 모든 사람은 지루한 수업 때문에 고통을 겪거나 졸음에 시달려 본 적이 있을 것이다. 수업 운영이 미숙한 교사의 교실을 방문해 보면 학생들이 전혀 집중하지 못하고 있음을 단박에 알아챌 수 있다. 그래서 우리는 종종 '저 선생님은 학생들이 지루해하고 있다는 걸 모르는 건가?'라고 의아해할지 모른다. 아마도 대답은 '모른다'일 것이다. 생각해 보시라. 학생들은 그 교실에서 며칠, 몇 달, 몇 년 동안 지루해했다. 그걸 아는 교사라면 이미 수업 방식을 바꿨을 것이다. 더 중요한 질문은, '선생님이 그것에 대해 무엇을 할 수 있을까?'이다. 다시, 현실적으로 대답은 '없다'이다. 선생님이 문제를 파악해서 해결 방법을 찾아낼 수 있었다면 오늘 수업은 지루하지 않았을 것이다. 교장으로서, 우리가 교사들에게 더 나은 방법을 가르쳐 주지 않는 한, 그들은 새로운 어떤 시도도 하지 못할 것임을 인식해야 한다.

교사가 되고 처음으로 담임을 맡았던 어느 해, 옆 교실의 동료 교사는 자주 화가 나서 이렇게 소리치곤 했다. "내가 적어도 열두 번은 설명해 줬잖아!" 당시 나는 막연히 '공부 방법을 잘 모르는 아이가 있나 보네.'라고 생각했다. 그러나 시간이 지나고 보니 방법을 모르는 것은 학생이 아닌 그 교사였던 것 같다. 더 나은 방법을 모를 때 더 잘해야 한다는 압박을 받으면 좌절과 분노를 느낀다. 만약 교장이 교육청 회의를 다녀온 후 교사들에게 "이번 학력평가 점수를 훨씬 더 올려야 합니다!"라고 압박하기만 한다면, 선생님들은 다람쥐 쳇바퀴 속에서 더 빠르게 달리며 진전이 없는 현실에 좌절감만 커질 것이다. 하지만 만약 교장이 교사들에게 점수를 올리는 방법을 가르친다면, 그들은 쳇바퀴 속에서 힘들게 달릴 필요가 없다. 그들은 여러분에게 열정적으로 달려올 것이다!

훌륭한 상호작용의 본보기가 되어 주기

만약 우리가 다른 사람들과 잘 어울리지 못한다면, 학교에서 우수한 성적을 받은 것은 인생에 별 의미가 없다. 부부가 서로 긍정적인 방식으로 소통하고 상호작용하는 가정의 아이라면 어른들이 서로 배려하고 갈등을 해결하는 것을 보고 배울 수 있다. 하지만 모든 아이들이 이런 가정 환경에서 자라는 것은 아니다. 아이들이 학교에서마저 성공적으로 함께 일하는 교사들을 관찰할 기회가 없다면, 그들은 훌륭한 상호작용을 영원히 배우지 못할 수 있다.

아이들이 이 중요한 기술을 스스로 터득하기를 기대할 수는 없다. 따라서 우리는 교사들이 교실에서 함께 일하는 방법을 개발하여 아이들에게 본보기로 삼을 수 있도록 해야 한다.

교장실에 앉아 교사를 가르칠 수는 없다

모든 교장은 시간 부족에 시달린다. 매 순간 해결해야 할 여러 업무가 밀려든다. 그래서 대부분의 교장은 수십 가지 이유로 교장실에만 들어앉아 있기 쉽다. 훌륭한 교장 역시 수십 가지 이유로 늘 시간이 부족하다. 그러나 이들은 아무리 바빠도 교장의 가장 중요한 역할에 소홀함이 없도록 신경을 쓴다. 훌륭한 교장은 교사들의 역량 개선을 우선순위에 둔다.

문제를 일으킨 학생을 교장실로 보내는 교사들이 있다. 하루에도 여러 차례 이런 학생들을 떠맡은 교장은 그저 단순한 훈육 후 아이들을 교실로 돌려보내고 당연히 문제는 반복된다. 이런 악순환에 사로잡혀 교장실을 벗어날 수 없다고 주장하는 교장들도 있다. 이 같은 단순 대응 모드에서 벗어나 확실한 개선 모드로 들어가지 않는 한, 우리의 시간을 소모하는 문제들은 결코 사라지지 않을 것이다.

훌륭한 교장은 정반대의 접근법을 취한다. 훌륭한 교장은 문제를 일으키는 아이들의 교실로 찾아가 교사가 학생과의 상호작용 기술을 개선할 수 있도록 돕는다. 교사의 기술이 개선될수록 교장이 비효율적인 훈육 관행에 시달리는 시간을 줄일 수 있다.

최고의 교장은 언제나 훌륭한 본보기가 되고자 애쓴다. 물론 학교의 모든 어른이 어떤 식으로든 본보기가 되어야 하지만, 최고의 교장은 교사들의 본보기로서 훌륭한 역할을 수행한다. 교장이 교실에 방문해 학생들과 상호작용하는 모습을 보면서, 교사는 아이들과의 관계를 어떻게 가져가야 하는지 배우게 된다. 이것은 교장의 가장 중요한 역할 중 하나이다.

훌륭한 교사의 수업에서 배우게 하라

교장으로 재직하던 시절, 나는 나보다 훨씬 유능한 교사들을 많이 만났다. 이 교사들의 교실을 자주 방문했지만 그들을 가르치기 위해서가 아닌, 그들로부터 배우기 위해서였다. 다른 교실에도 그들의 기술과 접근 방식이 활용되면 좋겠다고 생각했다. 최고의 기술을 가진 교사보다 교사들을 더 잘 가르칠 수 있는 사람은 없다.

내가 교장으로 있던 학교는 학생 글쓰기 교실을 운영하는 지원금을 받은 적이 있다. 글쓰기 교실 운영 방법을 연구하기 위해 학생들의 참여가 필요했는데, 우리는 논의 끝에 사회과 교사들이 자신의 학생들을 데려와 사흘간 참여시키기로 했다. 글쓰기 교사가 학생들을 지도하는 동안 해당 사회과 교사들은 교실에 함께 머무르며 글쓰기 수업을 보조하기로 했다. 사실, 그들 중 일부는 무능하기로 정평이

난 교사였다. 나는 일부러 그들을 연구에 참여시켰다. 특히 황 선생은 수업 내내 책상에 앉아 학생들에게 지루한 역사 문제집이나 풀게 하는 악명 높은 교사였다.

글쓰기 교실 운영은 새로운 프로젝트였으므로 나는 정기적으로 수업에 들러 참관했다. 글쓰기 지도를 맡은 사람은 박 선생으로, 모든 학생들이 존경하는 경이로운 교사였다. 그녀는 황 선생 학급의 아이들과 함께 글쓰기 수업을 열정적으로 진행하고 있었다. 놀랄 것도 없이, 황 선생은 평상시와 같이 책상에 그저 앉아 있기만 했다.

나는 전에도 박 선생의 수업을 자주 참관했었기에 그녀의 수업 스타일이 아주 익숙했다. 그녀는 학생들에게 과제를 내주고는 그들 뒤로 걸어가서 뒷짐을 지고 어깨 너머로 아이들을 지켜보곤 했다. 그날도 그런 장면이 자주 보였다. 박 선생이 아이들 사이를 돌아다니는 동안 황 선생은 계속 앉아 있기만 했다. 하지만 불과 이틀 후, 새로운 장면이 나타나기 시작했다.

그날 박 선생은 평소처럼 학생들과 교류하고 있었다. 책상에 황 선생이 보이지 않길래 처음에는 그가 교실을 비운 게 틀림없다고 생각했다. 그런데 멀리 구석에서 움직임이 눈에 들어왔다. 황 선생이 어느 학생의 어깨 너머로 글쓰기 과제를 지켜보고 있었다. 그 순간 나는 큰 깨달음을 얻었다. 오랜 세월 황 선생은 수업 중에 무엇을 어떻게 해야 하는지를 몰라 그저 책상에 바리케이드를 치고 그 안에 앉아만 있었던 것이다.

우리는 그 후 3년 동안 함께 일했고, 이후 그가 수업 시간에 책상에 앉아 있는 것을 한 번도 보지 못했다. 대신 그는 두 발로 서서 순회하며 학생들이 학습하는 것을 도왔다. 자, 내가 만일 황 선생에게 수업 방식을 좀 바꿔 보라고 몇 달간 닦달했다면 과연 그는 변화할 수 있었을까? 아마도 바뀌지 않았을 것이다. 하지만 그가 훌륭한 동료 교사를 관찰할 기회가 생기자 그는 곧바로 그녀를 모방하며 변화하기 시작했다. 이를 통해 나 역시 절대 잊을 수 없는 소중한 교훈을 얻었다.

주의할 점: 최고의 교사들을 대놓고 떠받들거나 모범 교사로 선정하는 방식은 피해야 한다. 보다 자연스럽고 효과적인 방식은 동료 간에 상호 관찰할 수 있는 기회를 만들어 주는 것이다.

능력은 나눌수록 커진다

수업 참관은 가장 저항이 적을 두 부류, 즉 가장 훌륭한 교사와 신규 교사에게 먼저 제안하는 것이 좋다. 신규 교사는 숙련된 교사의 수업을 통해 많은 것을 배울 것이고, 숙련된 교사들은 신참들의 수업을 보고 많은 것을 지원할 것이다. 점진적으로 학년 내, 학년 간, 과목 간 교환을 통해 이 네트워크를 확장할 수 있다.

물론 수업 참관을 주저하는 교사들도 많을 것이다. 일단 하겠다는 사람들 위주로 시작하자. 단 두 명의 교사라도 참여한다면, 여러분의 학교는 더 나아질 것이다. 주저하는 사람들 때문에 변화를 지연시켜서는 안 된다. 인원이 점점 늘어날수록 학교 전체에 긍정적인 영향이 퍼질 것이다. 몇몇 교사가 끝까지 버티더라도 참여한 나머지 교사들에게는 큰 도움이 된다. 주저하는 마음을 극복하고 결국 참여한 교사들은 동료에 대한 새로운 신뢰감이 주는 보람을 느낄 것이다.

수업의 질을 개선하는 데 교사들의 협업만큼 효과적인 방법은 없다. 기억하라. 교장의 가장 중요한 역할은 모든 교사가 최고의 교사만큼 잘하도록 돕는 것이다. 모든 교사들에게 질적인 관점에서 관찰하고 배울 수 있는 기회를 주는 것이 좋다. 가장 유능한 교사를 본보기로 활용할 때, 수업의 질은 향상되고 교사들의 능력도 극대화된다.

교장이 되는 것의 큰 즐거움 중 하나는 유능한 교사들의 활약을 관찰하는 것이다. 능력은 나눌수록 커진다.

훌륭한 교장은 교사들의 역량을 높이기 위해
다양한 전략을 세심하게 적용한다.

8

훌륭한 교사를 채용하라

● 　　　　　　　　　7장에서는 학교의 기존 교사의 역량을 향상시키는 방법을 다뤘다. 이번 장에서는 훌륭한 교사를 채용하는 방법에 대해 이야기해 보겠다.

학교를 발전시키는 가장 빠른 방법은 기회가 있을 때마다 훌륭한 교사를 채용하는 것이다. 평균 점수를 높이려면 평소보다 더 나은 과제를 제출하는 것이 유일한 방법이듯, 학교를 빠르게 개선하는 방법은 떠나는 교사보다 더 실력이 좋은 교사를 채용하는 것이다.

채용 목표

학교에 그저 쉽게 동화될 교사를 찾는 교장도 있다. 훌륭한 교장은 다른 목표를 둔다. 즉 학교가 새로 온 교사와 닮아 가도록 변화시키는 것이다. 이 목표가 무리하게 들린다면 당신의 채용 방식은 그간 문제가 있었다고 봐야 한다. 기존의 평범한 교사들과 그럭저럭 어울릴 교사를 초빙한다면 학교 발전은 절대 불가능하다.

역동적인 교사를 채용했을 경우 이들의 에너지와 열정을 기존 교사들에게 어떻게 전파할 수 있을까? 첫 번째 과제는 이 에너지 넘치는 교사들이 열정을 잃지 않도록 하는 것이다. 처음 시작할 때야 누군들 에너지가 충만하지 않겠는가. 모두가 초심을 유지하기만 한다면 교장이 교사들을 개선시키기 위해 그토록 애쓸 필요도 없을 터. 훌륭한 교장은 에너지 레벨을 유지하는 것보다 소진된 열정을 되살리는 것이 훨씬 힘들다는 것을 안다. 따라서 유능한 교장은 역동적인 교사를 초빙하여 그 힘을 유지하는 데 노력을 기울인다.

학교에 영향을 미칠 수 있는 사람을 채용하라

놀랍게도 많은 교장이 그저 괜찮은 수준의 교사를 초빙하는 데 만족한다. 물론 그 덕에 훌륭한 교장은 최고의 교사를 채용할 기회를 얻는다. 훌륭한 교장은 그저 3학년을 맡아 줄 교사나 과학수업을 담당할 교사를 초빙하는 데 만족하지 않는다. 훌륭한 교장은 교실에서 뛰어난 실력을 발휘할 사람을 찾는다. 한 발 더 나아가 학교에 영향을 미칠 수 있는 교사를 원한다. 나는 학생들을 잘 이끌 만한 교사를 채용하는 데 안주한 적이 없다. 나는 동료 교사를 이끌 수 있는 사람을 얻고자 애썼다. 우리 학교가 내가 초빙한 교사와 좀 더 닮아 가기를 원했기 때문에 크게 무리하지 않고 그들의 도움을 받을 수 있었다.

우리 중 변수가 누구인가를 이미 살펴본 바 있다. 마찬가지로 훌륭한 교사와 그저 괜찮은 교사를 구별하는 자질이 무엇인가를 이해해야만 한다. 그러려면 무엇이 중요하지 않은 것인지를 알아야 한다.

기술보다 능력이 중요하다

동료 교장 중에는 석사학위 소지자만을 초빙하는 사람도 있었다. 그 덕에 나는 더욱 폭넓은 후보군을 가질 수 있어 그가 참 고마웠다. 학력 수준이 긍정적 지표가 아니라고 말하는 것은 결코 아니다. 그러나 박사학위 소지자 중에서도 별 볼 일 없는 교사가 있는가 하면 거창한 학위와 상관없이 훌륭한 교사도 있다는 걸 우리는 모두 알고 있다. 중요한 변수는 결국 교사의 능력talent이다.

나는 '능력'을 폭넓게 정의한다. 지능이 유일한 요소라면 IQ 테스트 결과 한 장이면 다 끝난다. 내게 능력이란 학생들에 대한 애정, 명석한 사고력, 적극적 태도, 친절한 성품, 높은 직업윤리, 리더십, 통솔력 등을 말한다. 이 모든 자질을 갖춘 교사를 늘 발견할 수 있는 것은 아니다. 그러나 채용 시 최우선 조건으로 둔다. 그러지 않으면 결국 중요하지 않은 요소들에 의사결정이 맡겨지고 만다.

앞에 열거한 능력들이 학습된다기보다는 타고난 자질에 가까워 보인다는 게 내겐 흥미롭다. 앞서 살펴보았듯이 기술은 발전시킬 수 있다. 그래서 필자는 기술은 간장 종지만큼밖에 없어도 능력은 항아리를 채울 만큼 많은 교사를 초빙한다. 가장 훌륭한 교사들을 돌아보라. 교직 첫날부터 그들은 잘 해냈을까? 막상 그들은 아마 첫날이 끔찍했다고 답할지도 모른다. 하지만 높은 성취를 이루는 사람의 기준은 아주 높다는 것을 알아야 한다.

훌륭한 교사는 훌륭하다. 언제나 그렇다. 3학년을 맡던 사람에게 1학년을 맡겨도 역시 잘 해낸다. 반면에 무능한 교사를 다른 학년으로 보낸다고 갑자기 잘 해낼까? 그렇지 않을 것이다.

기존 조직에 잘 어울릴[fit] 수 있는지 여부가 중요하지 않다는 건 아니다. 그러나 능력이 뛰어난 사람을 채용하면 그는 어떤 임무도 잘 해낼 것이고 학교를 변화시킬 것이다. 훌륭한 교사는 결국 성과를 올린다.

경력보다 능력이 중요하다

교사 채용 시 연차를 가장 중요하게 보는 교장이 많은 것을 보고 놀란 적이 있다. 물론 재직 기간 내내 훌륭하게 일했다면 경력도 중요한 전형 요소임에 틀림이 없다. 학교의 교사들을 가장 훌륭한 교사부터 무능한 교사까지 순위를 매긴 다음 각각의 연차를 살펴보라. 두 요소 간에 완벽한 연관성이 없다면 경력 그 이외의 다른 변수가 있다는 뜻이다. 두 교사의 경력과 능력이 다르다면, 능력이 있는 교사가 장기적으로 틀림없이 더 잘할 것이다. 아마도 중단기적으로도 마찬가지일 것이다.

10점 만점에 6.5점 정도 되는 12년 경력 교사와 9점 정도 되는 신규 교사를 초빙했다고 가정하자. 첫날 경력 교사는 12년간 해 온 방식 그대로 평범하게 출석을 부를 것이다. 신규 교사는 출석 부르는 데 약간 애를 먹을지 모른다. 출석 부르는 데 시간이 꽤 걸리고, 소란을 피우는 아이들도 있을 것이다.

일주일이 쏜살같이 지나간다. 12년 차는 수천 번 해 온 대로 출석을 부른다. 신규 교사는 퀴즈 게임을 통해 출석을 확인하는 방법을 찾아낸다. 한 달이 지나고 한 학기가 지난다. 12년 차 교사 교실의 아이들은 지루해하는 것을 지나 출석 시간이면 떨떠름한 자세를 보이고, 결국 아무것도 하지 않는 의미 없는 시간으로 여기고 늦게 오기도 한다. 신규 교사의 아이들은 이와 반대로 모두 일찍 온다. 교사는 아이들 중에 게임 진행자를 선정하기도 한다. 제시간에 오지 못한 학생들은 이런 명예를 얻지 못한다.

흔치 않은 예시라고 생각하는 독자들도 있을 것이다. 확실히 베테랑 교사의 학급이라면 새 학년이 시작되고 평균 6주 이상 열정적인 분위기가 지속된다. 보통의 신규 교사라면 퀴즈 게임 출석 확인을 이듬해까지 시작 못 할 가능성이 높다. 하지만 핵심은, 이런 교사들은 결국 발전해 간다는 것이다. 그리고 무엇보다 학교에 변화를 가져다줄 것이라는 점이다. 3년 후, 학교에서 교사 다섯 명 정도는 퀴즈 게임 출석 확인을 하게 될 것이고, 그중 셋 정도는 교육청 수준의 모범 사례가 될 만큼 체계화할 것이다. 학생들 성적도 향상될 것이다. 교장은 올해의 교장으로 추대되어 방송에 초대될 것이다. (과한 예측인가? 적어도 학교가 발전할 것임은 틀림없다!)

좀 더 강력한 예를 들어 보겠다. 교장 첫 발령을 받은 동료가 학년 시작 일주일 전에 특수 교사를 급하게 초빙해야 했다. 그는 내게 전화를 걸어 후보를 추천해 달라고 했다. 우연히도 나는 우리 지역으로 전입해 오는, 특수교육 관련 자격증을 가진 아주 훌륭한 교사를 알고 있었다. 동료의 학교에는 문제가 많은 교사가 꽤 있었고 그녀는 워낙 훌륭한 팀 플레이어여서 학교 발전의 소중한 자산이 되리라 믿어서 추천했다.

2, 3주 지난 뒤 교장단 회의에서 그 동료를 만나게 되어 그 특수 교사가 잘하고 있는지 물었다. 그런데 그녀를 채용하지 않았다고 한다.

그녀가 임시 자격증을 소지한 사람이라 걱정이 되었다고 한다. 다년간의 경력이 있는 정식 자격증이 있는 지원자가 있어 그를 채용했단다. 그러나 학년말, 그 교장은 그 교사를 방출하기로 했다. 재미있게도 이듬해 내가 추천했던 교사를 초빙했고 그녀는 그 학교가 지역 내 최고의 학교가 되도록 하는 데 일조를 했다.

마지막으로 IT 기술과 관련된 예시를 들고자 한다. 많은 학교와 교육청이 학교 또는 교육청 전체의 기술 프로그램을 채택한다. 출석 기록이나 성적 관리, 혹은 교육용으로 사용하는 프로그램이다. 일부 교장들은 이러한 프로그램들을 곧바로 능숙하게 다룰 줄 아는 사람을 채용하려 한다. 그러나 나는 현재의 기술에서 속도를 내는 것보다, 이후의 어떤 기술에서든 선두주자가 될 수 있는 능력이 더 중요하다고 생각한다. 능력 있는 교사는 첫날에 즉각 소프트웨어를 이해하지는 못할지라도 그 주 안에는 숙달될 것이요, 한 달 안에는 다른 사람을 훈련시킬 수 있는 수준에 이를 것이다. 1년 후, 그는 그 이상의 것에 도전하고 있을 것이다. 교장은 신규 교사가 단지 여러분 학교의 현재에 적응하는 정도로 만족해서는 안 된다. 최고의 교사를 영입해 학교 전체가 훌륭하게 변화하기를 희망해야 한다.

우리 학교에 서열은 없다

훌륭한 교장은 연공서열보다 학생과 학교의 발전을 위해 올바른 일을 하는 교사를 최고로 인정한다.

물론 고참 교사들을 인정하고 존중하는 것도 중요하다. 그렇게 하지 않으면, 우리는 순식간에 그들의 신뢰를 잃게 된다. 하지만 훌륭한 지도자는 결정의 기준을 교사 개인의 역량과 기여에 둔다. 훌륭한 교사가 고참이 될 때까지 자신의 능력과 재능을 발휘하고 인정받을 기회가 없다면, 그들의 열정은 이내 시들해지고 교실 안에 안주해 버리거나 다른 학교를 찾아 떠나게 될 것이다. 그래서 학교 안에 서열 같은 것이 존재해서는 안 된다.

기존 교사들 사이에 존재하는 서열 문화부터 없애고자 하는 교장도 있을 것이다. 하지만 이런 변화의 출발은 신규 혹은 전입 교사들부터 시작하는 것이 좋다고 생각한다. 가장 좋은 시점은 초빙이나 전입 요청 면접 때이다.

교장 재직시절 나는 초빙이 유력시되는 이들에게 처음부터 나의 견해를 분명히 밝혔다. "저는 최고가 되길 원하는 분을 초빙하려고 합니다. 처음 참석하는 교직원 회의에서부터 당당하게 의견을 피력할 수 있는 교사를 원합니다. 제가 선생님께서 펼치고자 하는 뜻을 환영하지 않는다면 채용하지 않겠지요. 저는 학교를 최고로 만들기 위해 노력하는 분을 중시합니다. 학교에 서열 문화가 존재해서는 안 됩니다."

첫 면접에서 내가 한 말이 얼마나 인상적이었는지, 이 메시지를 결코 잊을 수 없었노라고 말하는 교사들이 꽤 많다.

신규 교사 교육은 면접 순간부터

신규 교사 교육은 학년 시작 직전이 아닌 면접 때 시작해야 한다. 첫 만남부터 교장 자신의 기대를 분명히 전해야 한다. 접근법이야 상황에 따라 다를 수 있다. 현재 그다지 열심히 하지 않는 교사들로 이루어진 교과 파트에 교사를 초빙해야 한다고 가정해 보자. 신규 교사는 어느새 지각하고 일찍 퇴근하고 '좋은 게 좋은' 그런 투덜이 교사로 전락하기 십상이다. 최고의 교사를 초빙하여 일단 기대를 품고 기다리는 방법도 있지만, 그보다는 현재의 분위기를 일신시킬 수 있는 역할을 하도록 먼저 무대를 만들어 주어야 한다. 면접 때 이렇게 질문하자. "지각과 조퇴를 일삼는 옆 교실의 교사가 그런 근무 방식을 선생님도 따라서 함께해 주길 원한다면 어떻게 하시겠습니까?"

이런 질문을 왜 면접에서 해야 하느냐고? 눈을 마주 보고 서약해야 교장이 원하는 바를 강렬하게 전할 수 있기 때문이다. 학기가 지나가면서 전입 교사에게 "제가 투덜이 교사 옆에서 일하는 것에 대해 여쭤 본 것 기억하시나요?"라고 이따금 환기할 수 있다. 또한 훌륭한 교사는 교장의 이러한 전략을 교실에 적용할 줄 안다. 학기 초에 학생들에게 확고한 기대치를 설정하고 연중 추진해 나간다.

어떤 게임이든 처음부터 규칙이 명확하고 중간에 룰이 바뀌지 않아야 재미있는 법이다. 훌륭한 교장은 학교의 발전을 도울 걸출한 교사를 초빙하고, 첫 만남부터 자신의 기대치를 분명히 밝혀 이를 일관되게 추구해 나간다.

훌륭한 교장은 최고의 교사를 채용하고,
초반부터 그들이 활약할 수 있도록 무대를 마련해 준다.

9

새로 온 교사의 활기가
지속되게 하려면

● 　　　　　　　　지난 장에서 얘기했듯이, 새로운 교사를 채용할 때 우리는 한 가지 목표에 주력해야 한다. 그들이 새 직장에 그저 안주하도록, 혹은 떠나지 않도록 돕는 게 교장의 목표가 되어서는 안 된다. 채용 시 가장 큰 목표는 학교 전체가 새로 온 교사와 닮아 가도록 변화시키는 것이어야 한다.

커다란 도약을 희망하는 학교이건, 단지 몇 가지 수정이나 개선이 필요한 학교이건 간에 교사 채용 시 우리는 같은 목표를 가져야 한다. 그것은 새로 온 교사를 통해 지금보다 나은 학교를 만드는 것이다. 목표를 이루기 위해서는 훌륭한 교사를 채용해야 한다. 교장의 역량 중 우수한 교사를 알아보는 능력이 필수적인 이유다.

인재 유치와 인재 풀 키우기

나의 첫 교장직은 그리 매력적이지 않은 아주 작은 마을에서 시작되었다. 가정을 꾸리기에는 조용하고 좋은 곳이지만, 젊은이들이 이사 오기에 매력적인 장소는 아니었다. 교장으로서 교사 풀의 규모와 깊이를 늘릴 수 있는 무언가를 해야 했다.

학교에서 자동차로 다닐 수 있는 거리에 4개의 대학이 있었는데, 졸업생 수가 많지 않은 작은 학교들이었다. 나는 우리 학교를 지원하는 교사의 숫자가 마법처럼 급증하기를 바라기보다는 4개 대학을 졸업하는 예비 교사들의 자질을 끌어올리는 데 힘써 보기로 결심했다.

나는 4개 대학에 연락하여 교사 지망생을 위한 이력서 쓰는 법, 면접 전략 등 학교 취업에 대한 특강이 필요하다면 언제든 달려가겠다고 제안했다. 모두가 내 제안을 흔쾌히 받아들였다. 나는 왜 그렇게까지 적극적으로 손을 내밀었을까? 나는 학생들이 '휘태커 교장'이라는 단 한 명의 청중에게 노출되기를 원했다. 이전에는 우리 학교를 전혀 고려하지 않았거나 존재조차 알지 못했을 젊은이들에게 강력하고 간접적인 방식으로 우리를 알릴 수 있는 흔치 않은 기회를 만들어 낸 것이다.

특강을 통해 학생들에게 전한 이야기는 바로 앞 장의 내용과 일치한다. "만약 여러분이 이 지역 내에서 가장 좋은 학교에 취업하고 싶다면, 우리 학교가 가장 적합한 곳입니다. 물론 열심히 일하는 것을 좋아하지 않는 사람들에게는 우리 학교가 최고가 아닐 수도 있습니다. 하지만 교문을 들어서는 그날부터 변화를 이루고 싶은 분들이라면 우리 학교가 바로 그곳이라고 확실히 말씀드릴 수 있습니다." 이 말을 듣고 마음이 동한 사람은 누구일까? 바로 최고의 예비교사들이다. 그들은 변화를 이루고자 교육계에 발을 내디딘 사람들이다. 생각보다 많은 이들이 돈을 버는 것 이상의 의미를 실현하고자 학교에 들어온다.

우리는 도전을 즐기고, 새로운 영역을 발견하고, 우리 학교에 독창성을 불어넣을 새 교사가 필요하다. 학교를 발전시키는 가장 빠른 방법은 그들을 학교에 영입하는 것이다. 따라서 교사 채용 시 가장 중요한 것은 경력을 살피는 것뿐만 아니라 인재를 알아보는 것이다. 훌륭한 교장을 만나게 되면 재능 있는 교사는 순식간에 경력직을 따라잡게 마련이다. 교장은 교사의 재능을 두려워하기보다 반길 줄 알아야 한다. 채용만 제대로 하면 교장직의 절반은 성공한 것이다.

나는 기회가 될 때마다 각 대학의 교수들에게 우리 학교는 교생 실습 기간에 최고 교사들을 지도교사로 배치하고 있음을 알렸다. 대학 관계자들은 이것이 교사를 지망하는 학생들에게 얼마나 소중한 경험이 될 것인지 잘 알고 있다. 학생들은 몇 주간 최고의 교사들과 함께하며 자신도 그러한 수준의 교사가 될 가능성을 높이게 된다.

이는 모두에게 윈윈이 되는 상황이었다. 이에 더해 나는 점차적으로 특별한 자격을 가진 학생들을 대학에 요청하기 시작했다. 특히 우리 학교에 부족했던 분야의 인력을 추가하고자 했다. 이로써 지원자 풀에 역동성이 생겼고 결과적으로 학교에 유의미한 변화를 이룰 수 있었다.

면접에서 물어야 할 질문

최고의 교사를 선별하기 위해 면접에서 반드시 물어야 할 질문들이 있다. 특히 수업 운영방식에 중점을 두고 질문하는 것은 훌륭한 접근법이다. 누구나 자신이 아는 최고의 방식으로 수업에 임하기 때문이다.

당신 학교의 모든 교사에게 특정 질문을 건넨다고 생각해 보자. 질문을 통해 훌륭한 교사를 선별할 수 있는가? 그럴 만한 질문거리를 가지고 있지 않다면 심각하게 고민해 볼 필요가 있다. 교사의 수준을 필터링할 수 있는 질문을 알지 못한다면 미래의 교사도 제대로 걸러 낼 수 없을 것이다.

실제 상황을 염두에 둔 질문을 한 가지 제안해 보겠다. "개학 첫 주, 수업을 시작했는데 학생 한 명이 수다를 멈추지 않는다면 어떻게 하시겠습니까?" 수업 운영에 대한 질문은 매우 강력하다. 그들이 어떤 식으로 매사에 일을 처리하는지 알아낼 수 있기 때문이다. 재직 중인 교사 모두 자신이 알고 있는 최선의 방법을 대답으로 내놓을 것이다.

모두가 어떻게 대답하든, 다음의 질문을 연이어 던진다. "몇 분 후, 선생님은 여전히 수업 중이고 같은 학생이 다시 수다를 시작합니다. 이번엔 어떻게 하실 건가요?"

그러고 다시, 대답과 상관없이, 다음 질문을 한다. "몇 분 후, 선생님이 여전히 수업 중이고 같은 학생이 또 다시 떠들기 시작합니다. 이번엔 어떻게 하실 건가요?"

이러한 일련의 질문들은 교사의 재능을 알아내는 데 도움을 준다. 오랫동안 교직에서 버틸 자는 누구인가? 상황을 악화시킬 지원자는 누구인가? 책임감 있게 상황에 대처할 교사는 누구인가?

질문에서 언급한 상황은 모든 교사에게 일어난다. 교사가 이러한 일반적인 상황들을 다루는 방법은 종종 실제로 학생들에게 어떻게 접근할 것인지에 대한 전조가 된다.

훌륭한 교사의 후보군이 어느 정도 추려졌다면 이제 다음의 질문을 던져 보자. "그 학생의 부모에게 전화를 할 건가요?"

훌륭한 교사라면 긍정적으로 대답할 것이다. 이제 다음과 같이 요청해 보자. "좋아요, 제가 학부모라 생각하고 말씀해 보시죠."

경력이 없거나 적은 교사라면 유창하지 않을 수도 있지만, 여러분은 금방 그들의 태도와 어조를 파악할 수 있을 것이다.

이것은 유명한 사업가의 현명한 조언과 같다. "사람의 됨됨이를 채용하라. 회계 기술은 가르칠 수 있지만, 훌륭한 인품은 가르칠 수 없다."

그들이 쉽게 안주하지 않도록

학교에 새로 들어온 교사는 학교의 가장 소중한 자산 중 하나다. 그들은 새로운 에너지, 열정, 아이디어를 가져올 수 있다. 그들이 초반의 기백을 유지할 수 있도록, 그리고 학교 내 모든 사람들이 동화되도록 그들을 활용해야 한다. 어떻게 하면 그 교사들이 활기를 지속할 수 있도록 지지할 수 있을까?

여기 새로 들어온 교사들의 재능을 지속시킬 수 있는 몇 가지 아이디어가 있다. 대부분의 좋은 아이디어와 마찬가지로, 이들은 베테랑 교사들에게도 역시 효과적이다.

교직을 떠나는 것은 상관을 떠나는 것

직무만족도의 가장 큰 예측인자는 직속 상관의 자질이다. 교직을 떠나는 이유는 다양하다. 그중 개인의 적성이나 임금 수준 등은 교장이 어찌할 수 없는 부분이므로 우리가 영향을 미칠 수 있는 요소를 성공적으로 관리할 필요가 있다.

교사들은 실질적인 지원뿐 아니라, 지지를 받고 있다는 느낌을 중요시한다. 이는 교장들이 교장실에 앉아 이메일로만 소통할 것이 아니라 교사와 개인적 유대관계를 형성해야 한다는 것을 의미한다. 특별히 힘든 학생을 맡고 있는 교사가 있다면, 교장으로서 어떻게 협조하면 좋을지 해당 교사에게 직접 묻는 것이 좋다. 학생이 문제를 일으키면 교사는 좌절하고 자신감을 잃는다. 힘든 시간 동안 교사가 고립되었다고 느끼지 않도록 그와 함께 있어 줘야 한다.

사람들이 일을 그만두는 것은 곧 상사에게 결별을 고하는 것이다. 남들보다 훌륭한 리더가 되는 방법은 더 지지해 주고, 더 가까이에 있어 주고, 더 신경 써 주는 것이다. 일단 뛰어난 교사들을 채용하고 나면, 그들이 지속적으로 재능을 발휘할 수 있도록 가능한 모든 지원을 아낌없이 쏟아야 한다.

시의적절한 칭찬

교사들이 하는 일에 대해 사적으로, 때론 공적으로 감사 표현을 하자. 짧은 메모를 남기거나 개인적으로 만나서 치하하거나 공식적인 자리에서 전 직원에게 알릴 수도 있다. 시의적절한 칭찬보다 더 강력한 것은 거의 없다. 특히 새로 채용한 교사들을 늘 독려하여 성장을 돕고 그들의 영향력을 교실에서 학교 전체 수준으로 높일 수 있다.

칭찬에 힘쓰면 전체 교사들의 태도에 엄청난 변화를 가져올 수 있다. 대부분의 교장은 칭찬에 인색한 경향이 있다. 그러므로 칭찬은 여러분의 리더십을 돋보이게 할 것이다.

교사의 교실에 방문하기

최근에 교장들에게 다음과 같은 질문을 던진 적이 있다. "신규 교사는 어느 시점에 교장이 자신의 교실을 방문해 주길 원할까요?"

가장 많은 답변은 "영원히 원하지 않을 것"이었고, 두 번째는 "학기가 시작되고 4주~6주 후"였다.

그러나 신규 교사들의 생각은 전혀 다르다. 그들은 학생들을 가르치는 것이 얼마나 외로운 일인지 교사가 되고 나서야 깨닫는다.

모든 교사는 아이들의 삶에 긍정적인 영향을 주고자 교직을 선택했다는 사실을 잊지 말자. 그들은 다른 사람들에게 영향을 미치기를 원하는 사람들이며 이를 위해 스스로 능력 있는 사람이 되어야 한다는 것을 알고 있다. 그들은 교사도 다양한 수준이 있음을 알기에 자신이 어떤 범주에 속하는지 늘 궁금해한다. 그러나 누구나 자신의 수준을 제대로 파악하기란 쉽지 않다. 그들은 늘 자신이 가르치는 교실만 보고 있기에 이 학생들이 다른 교사와 있을 때 어떻게 변화하는지 파악할 기회가 없다. 훌륭한 교사라면 자신의 수준을 파악하고 싶어한다.

교장이 새로 온 교사의 교실에 들어가는 것을 몇 주씩 미루다 보면 다른 교사들이 먼저 그에게 다가가 당신이 원하지 않는 영향을 끼칠 수도 있다. 그들은 교장이 교실을 방문했는지 물을 테고 신규 교사는 그날부터 교장의 방문에 대한 막연한 부담과 두려움을 느끼게 될 것이다. 한 달 정도 후에 교장이 교실에 들어오면, 교사는 자신이 뭔가 잘못한 게 아닌지 불안해한다. 그 교사의 아이들이 문제행동을 일으키고 있는 상황이라면 더욱 그럴 가능성이 높다.

교장이 개학 첫날에 새로 온 교사의 교실을 방문해 독려하고, 이후 정기적으로 들르게 되면 교장은 교사에게 든든한 지원군으로 느껴질 것이다. 우리는 새로 온 교사들에게 처음부터 좋은 경험을 제공할 필요가 있다. 정기적으로 그들의 교실에 들러야 당신이 원하는 방향을 훨씬 더 수월하게 안내할 수 있다.

멘토 선정에는 신중을 기해야 한다

신규 교사가 들어오면 학교는 멘토를 지정해 그를 돕도록 한다. 그런데 의외로 멘토 선정이 효과보다는 편의에 따라 이루어지는 경우를 많이 목격했다. 많은 경우, 같은 학년 교사라, 같은 과목이라, 심지어 바로 옆 교실이라는 이유로 멘토를 맡게 된다.

물론 이들도 고려해야 할 요소이긴 하지만, 우리에게는 더 높은 수준의 목표가 필요하다. 신규 교사는 멘토를 닮아 갈 수밖에 없다. 만약 그들이 매우 유능한 교사와 함께 있다면, 이것은 매우 긍정적인 결과로 이어질 것이다. 하지만 멘토 선정이 별 생각 없이 이루어진다면, 결과는 당신이 원하는 것보다 훨씬 덜하거나 심지어 해로울 수 있다.

멘토는 신규 교사에게 선생님과 같은 의미를 지닌다. 따라서 멘토 선정에는 선견지명과 통찰력이 동원되어야 한다. 그들이 학교 안에서 소외감을 느끼지 않도록, 훌륭한 교사와 유대감을 느낄 수 있도록 신중을 기해야 한다.

유대감 챙겨 주기

모든 사람에게는 친구가 필요하다. 유치원에서 아무도 나와 놀아 주지 않는다면 그만큼 힘든 일도 없을 것이다. 대학에 입학하면서 아무도 나를 좋아하지 않으면 어쩌나 하는 불안을 느껴 본 적 있을 것이다.

교장은 사회적 연결의 중요성을 이해하고 신규 교사가 가능한 긍정적이고 능력 있는 동료들과 어울리도록 독려해야 한다.

부정적인 그룹의 사람들은 언제나 자기네 편으로 사람들을 끌어들이는 데 적극적일 뿐 아니라 실제로 능하기도 하다. 신규 교사가 부정적인 그룹에 끌려 들어가지 않도록 교장은 각별한 관심을 기울여야 한다. 긍정적인 그룹의 교사들에게 신규 교사를 자주 불러 주고 살펴 주고 회의에서도 가까이 앉히도록 요청하는 게 좋다. 긍정적인 동료를 찾지 못하면 신규 교사의 학교 생활은 매우 힘들어질 수 있다.

거절을 허용하는 분위기

교직은 보람도 있지만 어렵고 지치기 쉬운 직업이다. 신규 교사들에게는 특히 더 그렇다. 그럼에도 교장은 언제나 교사들에게 수업 이외의 일들을 요청해야 하는 입장이다. 각종 위원회에 들어가 일하게 하거나, 동아리 활동이나 캠프를 맡게 하거나 지역사회 행사에 참석하도록 독려해야 하는 경우가 많을 것이다. 이런 일들은 분명 중요하다. 그러나 교사들의 '워라벨'이나 수업 준비만큼 중요하지는 않다.

외부의 다양한 요청에 응하여 교사들이 함께 훌륭한 팀 플레이어로 활약하는 모습을 보여 주고 싶겠지만 그러한 요구로부터 우리 교사들을 보호하는 것 또한 중요하다. 신규 교사도 요구에 거절할 수 있는 분위기가 조성되어야 한다. 훌륭한 교사라면 교실을 넘어 더 넓은 영향력을 펼치고 싶어 할 것이다. 그러나 교실 밖에서 훌륭하게 일하려면 먼저 교실 안에서 성공적으로 능력을 펼칠 수 있도록 도와야 한다.

학교에는 새로운 교사가 필요하다. 그들은 학교를 변화시킬 수 있다. 교장의 역할은 그들을 지지하고 보호하고 자신감을 심어 주는 것이다.

훌륭한 교장은 훌륭한 교사를 채용하며,
그들이 학교에 오래 머무를 수 있도록
다양한 전략을 사용한다.

10

변화를 이끄는 리더

● 　　　　　　　　　 교육 변화의 속도는 점점 더 빨라
지고 있다. 이 거대한 쓰나미를 피할 수 있는 적절한 장소란 없다. 우
리는 자주 외부로부터 변화의 요구에 직면하곤 한다. 교육부의 훈령
과 시·도의 조례, 교육지원청과 학교운영위원회의 오락가락하는 기
대, 대중과 언론의 압력 등 어느 것 하나 쉬운 것이 없다. 게다가 새내
기 리더 중 유능한 이들일수록 새로운 목표와 그들만의 아이디어를
품고 있을 가능성이 높다. 우리는 이러한 다양한 기대에 훌륭하게 부
응할 수 있을까? 누군가는 특별한 방식으로, 그리고 더 훌륭하게 해
내고 있지 않을까?

변화의 속도를 높이는 교장

교육계는 지금 '학교 문화'라는 개념을 주시하고 있다. 이는 학교
내의 정책과 실천에 영향을 미치는 집단적인 신념과 가치관을 뜻한
다. 많은 전문가들이 학교 문화를 다른 모든 것의 원동력으로 여긴
다. 변화에 저항하는 문화가 학교에 뿌리 깊이 박혀 있다면 이 장벽
을 극복하고 나아가기란 쉽지 않은 일이다. 이 분야의 전문가들은 실

질적인 변화를 이끌어 내기 위해서는 3~9년이 걸릴 수 있다고 보고하고 있다. 하지만 교장들은 훨씬 더 빠르게 변화를 이루고자 한다. 변화가 너무 느리게 진행되면 교장직이 위태로울 것이라 생각해서일 수도 있고, 학생들의 성적 하락이 너무 오래 지속되어서는 안 된다고 믿어서일 수도 있다.

당신의 자녀가 다니는 학교를 생각해 보자. 그 학교의 교장이 5년 후 교육 환경 개선을 이룰 것이라고 공표한다면 당신은 부모로서 어떤 생각이 들까? 당장 눈앞에 있는 학생들을 걱정하는 교장이라면 절대 이런 계획은 세우지 않을 것이다. 훌륭한 교장은 변화의 속도를 높이기 위해 어떤 일을 하고 있을까? 다 함께 살펴보자.

학급 문화

학교에는 문화가 있다. 학급 단위에도 저마다의 문화가 있다. 긍정적 분위기든 부정적 분위기든 모든 교실은 특유의 느낌을 가지고 있다. 저마다의 분위기가 무르익은 5월, 무능한 교사의 교실을 방문한다고 생각해 보자. 교실에 들어섰을 때 느낌이 어떠한가? 학생들의 태도는 어떠한가? 얼마나 많은 배움이 이루어지는 것으로 보이는가?

이제 이 교사가 5월 말에 갑작스레 학급을 떠나게 되었다고 상상해 보자. 6월 1일, 이 아이들을 학년 말까지 맡아 줄 훌륭한 교사가 부임해 온다. 이후 어떤 상황이 벌어질까? 단 5일 만에 교실 분위기는 훨씬 좋아질 것이다. 사실, 이 분위기는 훌륭한 교사가 그간 맡았던 모든 학급과 비슷하다.

이번엔 6월 1일에 온 후임 교사가 그저 평범한 교사라고 생각해 보자. 6월 8일의 교실 상황은 어떨까? 큰 변화는 없을 거라고 장담한다.

변수는 무엇인가? 그저 그런 교사들은 기존의 분위기에 압도당하지만, 훌륭한 교사는 문화를 바꾸는 데 성공한다. 심지어 필요한 만큼 빠르게 바꾸어 낸다.

분위기 바꾸기

어느 가족의 저녁 식사 자리를 떠올려 보자. 매일 저녁 각자의 앉는 자리가 정해져 있을 것이다. 매번 상을 차리는 사람도, 식탁을 치우는 사람도, 식사시간에 늘상 늦는 사람도 정해져 있을 것이다. 대화의 내용도 매번 거기서 거기고 어떤 주제에 대해서는 절대 이야기한 적 없을 것이다.

이제 저녁 식사 자리에 손님이 오면 어떤 일이 일어날지 생각해 보자. 누군가는 갑자기 다른 자리에 앉게 될 것이고 전혀 새로운 주제로 대화가 흘러갈 것이다. 그들만의 저녁 식사 문화가 아무리 확고했더라도 한 명의 새로운 사람은 분위기를 바꿀 수 있다.

그러나 다음 날 저녁, 무언의 규칙이 다시 작동하고 있다. 아무것도 변하지 않았다.

온 가족이 좋아하는 이모

가족들이 가장 좋아하는 이모가 3주 동안 그 가족을 방문하러 온다고 가정해 보자. 모두가 이모를 환영하고 예의 바르게 행동한다. 첫째 날 저녁, 이모는 테이블의 맨 윗자리에 앉고, 누군가는 이모를 위해 지정석을 포기하고 기꺼이 다른 자리에 앉는다. 후식이 차려지는 동안 이모가 조카들에게 흥미로운 제안을 한다.

"나는 3주라는 시간 동안 사랑하는 조카들의 일상을 최대한 공유하고 싶어. 그래서 생각한 건데, 매일 저녁 디저트 먹는 시간에 각자 그날 겪은 이야기를 세 가지씩 풀어놓기로 하자! 어때?"

모두가 어리둥절한 표정이지만 이모는 이어서 말한다. "괜찮다면 내가 먼저 시작해 볼게!" 현명하게도, 이모는 가족 모두가 세 가지 이야깃거리를 떠올릴 시간을 주었고, 무슨 이야기를 어떤 식으로 풀어놓아야 하는지 본보기가 되어 주었다. 이모는 낮에 어느 가게에 갔다가 돌아오는 길을 헤매는 통에 힘들게 집에 도착했는데, 가게에 안경을 두고 왔다는 것을 깨닫고 다시 가게로 갔으나 돌아오는 길에 또다시 길을 헤맸다는 이야기를 재밌게 들려준다. 가족 모두가 그녀의 실수투성이 에피소드를 즐겁게 듣는다. 이어서 이모는 부엌 창문 밖 새 모이통에 접근하려는 다람쥐를 본 이야기를 익살스러운 흉내와 함께 들려주고, 마지막으로 막내 조카가 가장 좋아하는 곰 인형을 이모에게 빌려주어서 얼마나 행복했는지 이야기한다. "다음은 누가 이야기해 볼까?"

가족 중 누군가는 이야기를 풀어놓았고, 또 누군가는 별다른 이야기를 끝내 생각해 내지 못한다. 그러나 가족 모두 서로의 이야기를 경청하며 기분 좋게 저녁 식사를 마친다.

둘째 날 저녁, 이모는 유쾌하게 의식을 반복한다. 다시 한번, 그녀는 재미있는 어투로 만개한 라일락 덤불을 묘사하고, 아무런 대가도 받지 않고 그녀의 차를 세차해 준 쌍둥이에게 고마움을 표시한다. 오늘은 테이블에 앉은 모두가 이야기를 준비해 왔다. 쌍둥이들은 지루한 수학 숙제에 대한 촌극까지 준비해 열성적으로 보여 준다.

첫 주가 끝나 갈 무렵, 이젠 모두가 돌아가면서 적어도 한 가지 이야기는 풀어놓는다. 둘째 주가 시작되자 누구도 이야기 개수에 집착

하지 않고 저마다의 일상을 신나게 공유한다. 쌍둥이들은 이모가 도시락에 넣어 준 쪽지에 대해, 막내는 이모와 함께 샌드위치를 만든 일을 재밌게 묘사한다.

셋째 주가 시작되자 모두가 이모가 곧 떠나야 한다는 사실에 슬퍼한다. 이모의 방문으로 인해 가족은 서로 더 잘 알게 되고 매일 저녁 웃음을 나눌 수 있었다. 이제 모두가 다른 가족 구성원이 자기에게 얼마나 소중한지 자연스럽게 표현한다.

마침내 이모가 떠나고 또다시 가족들만의 저녁 식사 시간이 돌아온다. 이모가 없어 평소보다 조용하지만 누구나 가족과 공유할 세 가지 정도의 이야기는 준비되어 있다.

누가 문화를 바꾸는가

가족 문화가 이렇게나 빨리 바뀔 수 있다니! 이모가 우리에게 변화를 가져다주었다. 이모에겐 목적이 있었고 계획이 있었다. 그리고 앞장서서 꾸준히 실행해 나갔다. 보통의 이모라면 3주가 아닌 3개월을 머무른다 해도 그렇게 할 수 없었을 것이다. 이모는 아주 특별하고 유능한 사람이다.

유능한 교장도 마찬가지다. 그들은 효과적인 변화가 자신들에게 달려 있다는 것을 알고 있다. 목표, 계획, 끈기를 가지고 놀랄 만큼 짧은 시간에 변화를 만들어 낸다. 교실, 학교, 혹은 교육청의 문화를 바꾸는 데 적어도 5년이 걸릴 것이라고 말하는 이들은 적임자와 함께 일해 본 적이 없거나 자신에게는 그럴 역량이 없다고 스스로 인정하는 셈이다. 그들은 자신들의 무능을 인정하는 대신 그 일이 불가능하기를 바랄지 모른다. 학교에서 일어나는 문제에 대해 교원노조, 정부, 학부모를 탓하는 교장은 어떤 사람들인가? 잠재적인 함정을 빠르게 인식하고 우회하는 길을 찾아내는 교장은 어떤 이들인가? 당신은 어떤 교장의 학교에 자녀를 보내고 싶은가.

최고의 교사는 변화를 어떻게 바라보는가

내가 평소에 교사를 대상으로 즐기는 실험을 한 가지 소개한다. 가장 유능한 교사 한 명을 떠올려 보자. 연차가 높은 고등학교 화학 교사일 수도, 유치원의 보조교사일 수도 있다. 그에게 질문을 한 가지 던지고 20분 동안 방에 혼자 있게 하자. "최근 자퇴율이 올라가고 있어요. 개선책이 있을까요?"

20분 후, 훌륭한 교사는 몇 가지의 아이디어를 제출할까? 10가지? 15가지? 일단 12개 정도라고 해 두자. 그중 적어도 10개는 매우 훌륭한 수준일 것이다. 경험상 10개의 아이디어 중에는 초과 근무가 불가피한 내용도 포함되어 있을 확률이 높다.

이제 그저 그런 교사 5인에게 이 실험을 반복해 보자. 20분 후 그들은 몇 개의 아이디어를 가져올까? 나는 6개 정도일 것이라고 생각한다. 그중 2개는 꽤 괜찮아 보이지만 본인들에게 초과 근무 부담을 지울 수 있는 아이디어는 절대 아닐 것이다. 일반적인 사람들은 언제나 쉬운 해결책을 선호한다.

이 실험을 통해 우리는 훌륭한 교사의 특성, 역할, 중요성을 파악할 수 있다. 변화를 시도할 때 교장은 바로 이와 같은 훌륭한 교사에게 의지해야 한다. 그들은 효과적인 전략을 가져올 뿐만 아니라, 변화를 이루기 위해 누구보다도 열심히 노력할 것이다.

난관일까 기회일까

리더가 어려운 시기에 어떻게 대처하는지에 대한 연구에서 레이저는 훌륭한 리더는 상황을 다르게 인식한다는 사실을 밝혀냈다(Raisor, 2011). 훌륭한 리더는 극적인 변화가 휘몰아칠 때 주저앉아 그저 버티기보다는 훨씬 더 전향적인 접근 자세를 취한다.

예를 들어 10퍼센트 예산 삭감에 직면했을 때, 대부분의 교장은 모든 학년, 모든 교과, 모든 부서의 예산을 일괄적으로 10퍼센트씩 삭감함으로써 위기를 모면한다. 그러나 가장 훌륭한 교장은 예산이 삭감되어서는 안 되는 필수적인 분야를 선별하여 지켜 낸다. 그들은 예산을 낭비하는 교사와 적은 액수라도 효과적으로 관리할 줄 아는 교사를 구분할 줄 안다. 그들은 이 모든 것을 종합적으로 판단하여 가용 예산을 분배한다.

훌륭한 교장은 중요한 역할을 하는 기둥들이 예산 삭감의 폭풍이 지나간 후에도 든든히 버티고 서 있을 수 있게 노력한다. 모든 것이 잘될 것이라고 안심시키고, 교직원의 수를 줄여야 하는 최악의 상황에서도 그들을 지켜 내는 데 우선순위를 둔다. 동시에 무능한 교사들에게는 업무량이 급격히 늘어날 것이며 이 기회를 통해 역량을 재점검받을 것이라는 메시지를 던진다.

격동의 시기가 닥치면 평범한 교장들은 자신을 보호하는 데 급급하여 방어 태세를 취한다. 반면에 훌륭한 교장은 훌륭한 교직원과 학생들을 보호하기 위해 적극적 조치를 취하며 위기에 대처한다.

직전 상황에 얽매이지 않기

유능한 교장은 변화를 촉진한다. 그들은 직전 상황에 얽매이지 않는다. 6월 초에 무능한 교사의 학급을 떠맡게 된 훌륭한 교사의 예를 다시 떠올려 보자. 베테랑 교사라면 낯선 사람이 교실에 들어오면 학생들이 전과 다르게 행동한다는 것을 알고 있다. 어떤 학생들은 새로운 교사를 시험하려 들 것이다. 유능한 교사는 문제를 복잡하게 만들거나 악화시키지 않고 상황에 대처한다. 결국 학생들은 5월 말까지와는 전혀 다른 태도로 수업에 임한다.

온 가족이 좋아하는 이모도 훌륭한 교장과 같은 태도로 가족들을 대했다. 저녁 식사에서 오가던 대화가 고작 "또 콩이야? 내가 완두콩 싫어하는 거 알잖아!" 같은 수준이든 뭐든 이모는 이에 연연하지 않고 자신의 계획을 곧장 실행에 옮겼다.

훌륭한 교장도 초장부터 분위기를 바로잡는다. 교사들은 새로 부임한 교장이 이끄는 첫 번째 회의에서 더욱 예의 바르게 행동한다. 훌륭한 교장은 이런 예의 바른 분위기가 지속될 수 있도록 애쓴다. 새로운 리더십이 등장하면 과거에 곪았던 문제는 수그러든다. 최고의 교장은 절대 과거에 연연하지 않는다.

모든 학교는 난관에 직면할 수 있다. 훌륭한 교장은 교육이란 완벽이 아닌 개선을 목표로 해야 한다는 것을 잊지 않는다. 그들은 '어떻게 해야 더 나아질까?'를 자신과 교사들에게 끊임없이 질문한다. 변화를 주도하는 것은 어려운 일이지만, 최고의 학교 지도자는 변화의 역학을 탐색할 줄 알고, 이를 통해 모든 학생이 자랑스러워하는 학교를 만들어 낸다.

훌륭한 교장은 변화의 역학을 이해한다.

11

학력평가를
어떻게 바라볼 것인가

● 　　　　　　　　작가로서, 강사로서, 교수로서 나
는 학교사회에 집중된 문제에 매달려 왔다. 특히 교사의 동기 부여,
교사의 덕목, 학교 문화와 풍토, 학생의 행동에 관심이 많다. 이 문제
는 사실 교육계 전체가 안고 있는 핵심적인 문제이며, 앞으로도 그러
할 것이다.

　나는 당장의 뜨거운 이슈들로부터는 어느 정도 거리를 두려고 노
력한다. 최근에는 학교 안전에 대한 이슈가 뜨겁게 떠오르고 있다.
여러 비극적 사건이 있었고 필연적으로 학부모들의 압력과 교육청의
지시가 뒤따랐고, 이로 인해 일선 학교들은 재난 방지 계획을 수립하
느라 정신이 없다.

　학교마다 대응은 제각각이다. 어떤 교장은 이 문제를 전면에 배치
했다. 학교안전관리위원회를 구성하고 이에 참여할 교사를 모집한
다. 대부분의 교사가 우물쭈물 눈치만 살피는 동안 두세 명의 훌륭한
교사가 참여 의사를 밝힌다. 예상대로 위원회는 매우 열심히 일했다.
재난 시 건물 탈출 경로를 색상으로 구분하고, 매뉴얼을 작성하고 지
역사회 구조 연락망을 개발한다. 모든 대책이 완벽히 마련되었다.

그런데 4, 5년 뒤, 누군가 우연히 이 매뉴얼을 발견한다. 그 사이 여러 차례 담당자가 교체되고 핵심 연락처도 상당수 사라졌으며 심지어 건물 구조도 완전히 바뀐 상태다. 그들은 몇 년간 재난 계획이 필요한 상황이 발생하지 않아 다행이다. 실제 비상시에는 이런 철 지난 매뉴얼보다 빠른 판단과 실행이 중요한 법이다 등의 대화만 나눌 뿐 재난 대응 매뉴얼을 업데이트하지 못한다. 곧이어 발생한 또 다른 핫이슈에 대응하느라 급급하기 때문이다.

다른 식으로 대응하는 교장들도 있다. 이들은 아무리 완벽하고 세밀하게 짜여진 재난 계획이라도 모든 시나리오를 망라할 수 없다는 사실을 잘 알고 있다. 무엇보다 훌륭한 교사들에게 이 문제로 새로운 업무 부담을 안기고 싶지도 않다. 그래서 그들은 나이가 많고 엄격한 교사 몇몇을 포함한 다양한 부류의 교사를 모집해 기본 계획을 세우게 하고 간단히 검토 후 교육청에 제출하는 것으로 대응을 마무리한다.

유능한 교장은 눈앞에 닥친 문제 때문에 정말로 중요한 문제를 소홀히 하지 않는다. 훌륭한 교장은 수없이 하달되는 상부의 지시사항 때문에 교사의 시간과 역량을 낭비하지 않는다. 이러한 맥락에서 나는, 상어 떼가 우글대는 학력평가 논쟁 속으로 조심스럽게 들어가 보려 한다.

학력평가에서 성공하지 못하면 시험이 학교의 전부가 된다

토론을 하다 보면 감정에 휩쓸리기 쉽다. 그런 토론은 정치나 종교 문제에서 자주 목격된다. 교사 회의에서도 논쟁거리가 등장하는데, 그 논쟁을 부추기고 싶다면 학력평가 문제를 꺼내면 된다.

일반인과 마찬가지로 교장들도 저마다 학력평가에 대해 다른 견해를 가지고 있다. 각각의 견해야 어떻든 학력평가의 실제에 대해 이야기해 보자. 어떻게 시작하면 될까?

무엇보다 학력평가의 장점에 대해 토론하는 것은 피해야 한다. 개인의 강한 신념이 토론을 지배하기 때문이다. 우리는 신념보다는 행동에 중점을 두어야 한다. 신념과 행동의 관계에 대해서는 다음 장에서 구체적으로 살펴보겠지만 학력평가와 관련해서도 이는 중요한 개념이다. 행동에 관해 의견을 하나로 모을 수 있다면, 개인의 감정이 어떻든 조화롭게 이야기를 풀어 나갈 수 있다. 부모가 서로 훈육에 대한 가치관이 다를지라도 아이의 성공에 꼭 필요하다고 생각되는 일에 대해서는 함께 행동에 옮기는 것처럼 말이다.

실제로 다양한 그룹(교사, 학부모, 행정가, 교육위원 등)이 한데 모이면, 우리의 의견이 얼마나 많이 일치되는지를 보고 놀랄 것이다. 학교에 관해 중요한 몇 가지 문제를 내보겠다. 위에 언급한 모든 사람에게 집단적으로나 개별적으로 몇 가지 질문을 건네 보자.

첫 번째 질문, "학교는 무엇을 해야 하는가?" 분명 일치되는 답변이 있을 것이다. 특정 과목이나 활동을 강조하는 사람도 있겠지만, 일반적으로 학교가 해야 하는 것에 의견의 일치를 보인다. 이 일치하는 부분은 아래의 그림처럼 하나의 큰 원으로 나타낼 수 있다.

학교가 해야 하는 것

이제 같은 그룹에 집단적으로나 개별적으로 두 번째 질문을 해 보자. "학력평가는 무엇을 평가하는가?" 시험에서 평가할 목록이 공식적으로 정해져 있다 해도 학력평가에서 실제로 평가해야 되는 항목에 대해서는 사람마다 다른 신념을 가질 수 있다. 그들의 신념이 무엇이든 다음과 같이 큰 원 옆에 작은 원으로 나타내 볼 수 있다.

학교가
해야 하는 것

학력평가가
평가하는 것

    동료에게 이 두 개의 원이 '학교가 해야 하는 것'과 '학력평가가 평가하는 것'의 관계를 잘 나타내고 있다고 생각하는지 물어보라. 대답을 듣기 전에 미리 "두 번째 원의 크기나 두 원이 겹치는 영역의 크기가 그림보다 더 클 수도 더 작을 수도 있다."라고 미리 밝혀 두어야 한다. 이는 사소한 것 때문에 까다로운 논쟁으로 비화하기 쉽기 때문이다. 대신에 첫 번째 큰 원이 학교의 핵심 사안이라는 점에 동의하는지 물어보라.

    다음은 가장 중요한 단계다. 바로 신념에서 행동으로 초점이 이동하는 것이다. 두 원의 관계를 어떻게 보든, 우리는 교육자로서 학업 성취도라는 작은 원 안에서 성공을 거두어야 한다. 그렇지 않으면 다음과 같이 이 작은 원의 문제가 큰 원, 즉 학교교육 그 자체가 되어 버린다. 학교 구성원 중 그렇게 되기를 원하는 사람은 아무도 없다.

학교가 해야 하는 것

학력평가가
평가하는 것

이렇게 접근하면 학력평가에 가장 강력히 저항했던 사람들을 강력히 옹호하는 사람으로 바꿀 수 있다. 학력평가를 가장 신뢰하지 않는 교사도 이제 이 분야에서 학생들의 성공을 위해 일할 동기를 갖게 된다. 우리는 이제 각자의 신념과 상관없이 같은 목표를 향해 일하면서 같은 행동에 집중할 수 있다. 리더로서, 우리 또한 성공을 향해 학교를 움직이면서 시험의 장점에 대한 개인적인 신념을 유지할 수 있다.

학력평가는 학교가 해야 하는 일의 일부분만 측정한다. 유능한 교장은 성공을 가로막는 신념이 아니라 성공을 이끄는 행동에 집중한다. 유능한 교장은 학력평가가 학교 전체를 점령하도록 결코 내버려두지 않는다.

더 넓은 시각으로 학력평가를 바라보기

학력평가에서 좋은 성적을 내는 학교들에 대한 논문을 보았는데 매우 신선한 견해를 접할 수 있었다. 성적이 좋은 학교의 교사와 교장은 시험 결과 자체에 의미를 두기보다는 시험 결과가 다른 것에 끼치는 영향에 초점을 맞췄다(Turner, 2013). 그들은 학력평가에서 높은 성과를 냄으로써, 학생을 위해 최선이라고 믿는 것들을 더 자율적으로 실행할 수 있음에 가치를 두었다. 이들은 학력평가의 결과가 어떻게 학교의 교육과정을 개선하고 조정할 수 있는 강력한 기준을 제공해 주는지 이해하고 있었다. 학력평가는 기존의 교육과정을 돌아보게 했고 학생들의 학습에서 실제적으로 무엇이 중요한지에 초점을 맞출 수 있도록 도왔다.

흥미롭게도 이 연구에서 더 유능한 교장들은 학생들의 성취도를 매우 넓은 의미에서 기술했다. 학력평가 성적이 부진한 학교들이 오직 시험 점수로만 학생의 성취를 정의하려 든 것과 상반된 모습이었다. 성적이 높은 학교의 교장과 교사들도 시험 점수를 언급하긴 했지만, 이들은 학생들의 사회성, 자존감, 행동, 책임감, 학교 참여, 그리고 다른 여러 특성들도 학생들의 성취로 인정하는 경향이 있었다.

유능한 교장은 학력평가를 학교의 중심에 두는 것을 경계한다. 학업성취도를 모든 것의 중심에 두는 순간, 학력평가에 변화가 생기면 학교의 중심이 통째로 흔들리기 때문이다. 모든 결정은 학생들을 위해 무엇이 최선인가에 달려 있어야 한다. 그렇게 하면 새로운 훈령과 프로그램들이 시행된다 해도 교장은 학생들을 위해 이미 잘하고 있는 것에 그것들이 어떻게 들어맞을 수 있는지만 살피면 된다.

훌륭한 교장은 학력평가를 넓은 관점에서 바라보며
학생 학습의 진정한 이슈에 초점을 맞춘다.

12

신념보다 행동이 중요하다

● 　　　　　　　　　훌륭한 교장은 자신의 신념을 학교에 심는다. 물론 무능한 교장의 신념도 시간이 경과하면 학교에 스며들 수 있다. 그러나 훌륭한 교장의 특징 중 하나는 자신의 신념을 공유하지 않는 교사들을 대하는 태도에 있다. 유능한 리더는 타인의 신념을 바꾸는 것이 쉽지 않은 일이라는 것을 인정한다. 그에 더해 때로 정말 중요한 것은 신념보다 행동일 수 있다는 점을 알고 있다. 어떤 경우에는 행동의 변화가 자연스레 신념의 변화로 이어지기도 한다. 그래서 훌륭한 교장은 먼저 행동에 초점을 맞추고, 그다음에 신념에 초점을 맞춘다.

5장에서 "교사가 반드시 학생들을 좋아해야 하는 것은 아니다. 다만 그들을 좋아하는 듯 보여 주는 것이 매우 중요하다."라고 말한 바 있다. 이는 학생들에게도 적용된다. 훌륭한 학생이라면 아무리 수업이 지루해도 수업에 관심 있는 듯한 태도를 보이며 앉아 있을 것이다.

매사에 부정적 태도를 보이는 교사와 함께 일한 적이 있다. 그는 늘 허리에 손을 얹은 채 한숨을 내쉬곤 했다. 시간이 지나면서 그 교사의 부정적인 몸짓이 경멸의 표현이라기보다는 습관의 문제라는 것을 깨달았다. 그러나 학생들은 이런 사실을 알지 못했다. 그들은 그 교사가 자기들을 싫어한다고 결론지었다. 어느 날 넌지시 내 생각을 전했을 때 그는 아연실색했고, 이후 조심스럽게 태도를 바꾸어 나갔다. 나는 그에게 왜 학생들을 마음에 들어 하지 않는지 묻지 않았고 오직 보이는 행동에만 초점을 맞췄다. 그리고 상황은 개선되었다. 그가 전보다 학생들을 더 사랑하게 되었는지 아닌지는 알 수 없다. 하지만 행동이 변화했고 학생들은 곧바로 차이를 알아볼 수 있었다.

교사에게 변화를 장려하는 법

이상적인 환경의 학교라면 모든 결정은 '학생들에게 가장 좋은 방향은 무엇인가'를 기준으로 내려질 것이다. 특히 유능한 교사라면 이 기준을 내재화하고 있을 것이다. 그러나 대부분의 교사는 자신의 이익을 위해 행동하는 보통의 인간과 다르지 않다. 그들은 교실에서도 자신에게 유리한 방향으로 결정을 내리려 든다.

7장에서 강조했듯이, 교사들은 자신이 아는 가장 훌륭한 방식으로 최선을 다한다. 그래서 일단 더 좋은 방법을 알게 되면 그대로 실천할 가능성이 높다. 그런데 생각해 보자. 우리가 새로운 변화를 시도할 때 그들은 왜 그토록 저항하는 것일까?

두려움, 특히 미지의 것에 대한 두려움은 변화의 가장 큰 장애물이다. 어떤 교사는 본능적으로 더 좋은 생각, 더 효과적인 기술, 더 가치 있는 시도를 알아보지만, 그렇지 않은 교사도 있다. 새로운 접근법이 통할 것이라고 보장이 되어도 전환은 겁이 나는 법이다. 기존의 관행이 쓸모없다는 것을 인지했다 하더라도 이에 매달리는 것이 더 안전하게 느껴지기 때문이다.

교사들에게 신념을 강요한다고 변화가 이루어지지는 않는다. 그러나 새로운 방식을 시도하도록 지속적인 노력을 기울이면 결국 교사도 그러한 변화가 자신에게도 이로운 것임을 깨닫게 된다. 몇 가지 예를 들어 보자.

학부모와의 소통을 장려하기

교장은 교사들이 학부모와 적극적으로 소통하기를 바란다. 학부모와의 효과적인 소통은 당연히 학생들의 행동을 개선시키지만 이는 또한 교사 자신에게도 이로운 결과를 가져다준다. 평소 학부모와 적극적으로 소통하는 교사는 학부모로부터 불쾌한 전화를 받을 가능성이 현저히 낮다. 적시에 전화를 걸면 "왜 그걸 이제야 알려 주시는 거죠?"라는 학부모의 격앙된 반응을 피할 수 있다. 그러므로 학부모에게 먼저 전화하는 것은 교사에게도 도움이 된다.

대부분의 교사가 정기적으로 학부모들과 연락을 취하는 학교에서도 그렇게 하지 않는 소수의 교사들이 있을 수 있다. 학부모에 대한 이전의 부정적 경험 때문일 것이다. (아마도 걱정하는 학부모들이 먼저 연락할 때까지 기다리고만 있었을 가능성이 높다.) 많은 교사들이(그리고 교장들도!) 학부모에게 전화를 거는 것에 심리적 저항을 느낀다.

학부모와의 전화 상담이 얼마나 효과적인지 교사들을 설득하고 논쟁하는 데 많은 시간을 보내는 교장도 있을 것이다. 그러나 우리에게 진정으로 필요한 것은 이해가 아니라 행동의 변화다. 작은 문제가 걷잡을 수 없이 커지기 전에 교사로 하여금 일단 학부모에게 전화를 걸어 도움을 요청하도록 촉구하자. 무슨 말을 해야 할지 모르기 때문에 전화하는 것을 망설이는 교사도 있을 수 있다. 이 경우 교장은 지시만 하지 말고 직접 가르쳐야 한다. (옮긴이의 책《학부모 상담 119》에 적절한 예시 문장들이 소개되어 있다.)

교사들이 어떤 특정 문장을 사용해야 하는지 알게 되면, 조금 덜 부담을 느끼며 전화를 걸 수 있을 것이다. 이를 통해 학생의 행동이 변화하고 교사에게도 도움이 되는 변화가 찾아오면 이후에도 학부모들과의 소통을 적극적으로 이어 가게 될 것이다.

칭찬을 장려하기

앞서 언급했듯이 훌륭한 교장은 칭찬의 힘을 믿는다. 우리가 바르게 칭찬하는 한(Bissell, 1992년) 지나친 칭찬은 없다. 모든 교사가 이 믿음을 공유하는 것은 아니다. 그들에게 칭찬의 가치에 대해 설교를 하면 마음이 바뀔까? 아마 아닐 것이다. 대신, 교장은 교사에게 적절한 칭찬의 기술을 안내하고 그것을 시도하게 해야 한다. 일단 교사가 학생을 칭찬하기 시작하면 두 가지 일이 일어난다. 학생은 행동을 개선하고, 교사는 기분이 좋아진다. 교사가 교실에서 긍정적인 결과를 보게 되면, 칭찬이 자신에게도 이익이 된다는 것을 깨닫게 된다. 교사가 진정으로 칭찬의 힘을 믿게 된 것인지는 알 수 없다. 그러나 적어도 이제 교사는 칭찬이 자기에게 도움이 된다는 것을 알게 되었고, 이는 교장에게도 좋은 일이다.

수업 혁신을 장려하기

팀 티칭이나 블록 수업block scheduling을 도입하려 할 때의 어려움을 생각해 보자. 몇몇 교사들은 이 변화를 '학생들에게 가장 좋은 방향'으로 보고 받아들일 준비가 되어 있을 것이다. 무엇이 그들에게 자신감을 주었을까? 그들은 학생들과의 관계가 좋고 자신의 실수를 받아들일 줄 아는 교사들일 가능성이 높다. 어떤 상황도 결국 도움이 되는 방향으로 가져갈 줄 아는 사람들이기 때문에 이들은 변화를 두려워하지 않는다.

새로운 방식에 동참하지 않으려 드는 교사들도 있다. 현재 상황이 썩 좋지 않은 건 알고 있지만 기존의 방식이 익숙하고 안전하게 느껴지기 때문이다. 이들도 어쩌면 과거에는 변화를 시도했던 교사들일 수 있다. 그러나 인내심과 기술의 부족으로 결국 성공을 맛보지 못했을 것이다. 이들은 변화가 좋은 결과를 가져올 것이라는 확신이 없다.

이런 상황에서 훌륭한 교장은 무엇을 할까? 이들은 변화를 꺼리는 교사들을 설득하려 시간이나 에너지를 낭비하지 않는다. 대신, 이들이 안전하다는 느낌이 들도록 절차와 기술이라는 발판을 제공한다. 그리고 그들이 다시 원래대로 돌아가지 않도록 변화를 구조화한다. 교장은 신념이 아닌 행동에 초점을 맞춘다.

새로운 기술을 전혀 활용하려 들지 않는 산업 디자인 과목 교사들을 본 적이 있다. 아무리 설득해도 그들은 오래된 기술만을 고집했다. 하지만 오래된 장비를 트럭으로 실어 내고 그 자리에 최신 컴퓨터 워크스테이션을 설치해 버리자, 그들은 연수에 참여하고자 하는 의지를 내비쳤다. 변화를 시도할 수밖에 없는 상황에 이르자 더 이상

고집을 부리지 못하고 마음을 고쳐먹은 것이다. 물론 훌륭한 교장은 교사들의 신념을 존경하며, 변화를 장려하기 위해 때론 설득하고 독려하고 회유하는 데 긴 시간을 투자하기도 한다. 그러나 많은 경우 신념보다 행동이 중요하다. 행동의 변화는 이내 신념의 변화로 이어진다.

훌륭한 교장은 신념보다
행동의 변화에 초점을 맞춘다.

13

누구에게 충성할 것인가

● 　　　　　　　　　　　　교장이 충성을 독려하거나, 기대하거나, 심지어 강요한다는 말을 종종 듣는다. 사실 세상의 모든 리더는 충성심을 중요하게 여긴다. 그래서 훌륭한 교장뿐 아니라 무능한 교장도 교사들에게 충성을 기대한다.

나는 교장이 충성심을 기대하느냐 여부는 중요하지 않다고 생각한다. 중요한 것은 '누구에게 충성하는가?'이다.

학생에게 충성하라

모든 교장은 교사가 자신에게 충성하기를 원한다. 어떤 교장은 그것을 기대하는 정도에 그치는 반면, 어떤 교장은 그것을 강요하기도 한다. 가장 훌륭한 교장도 충성심을 강조한다. 그러나 그가 충성을 요구하는 대상은 자신이 아닌 학생이다.

훌륭한 교장은 학생들에게 충실한 것이 바로 자신에게 충성하는 것이라고 믿는다. 충성심이 무엇인가? 훌륭한 교장에게 충성심이란 학생에게 가장 좋은 것을 기준으로 결정을 내리는 것을 의미한다.

학생에게 무엇이 최선인가

훈육 문제에 직면한 교사와 교장은 종종 "학생에게 무엇이 최선인가?"라고 자문하게 된다. (학생부에 인계해야 할까? 정학시켜야 할까? 어떤 절차를 밟는 것이 학생에게 최선일까?) 이는 좋은 질문이다. 그러나 이 질문은 언제나 또 다른 질문과 함께 제기되어야 한다. 즉, "무엇이 이 학생에게 최선이고, 동시에 무엇이 모든 학생에게 최선인가?"라고 물어야 한다.

우리는 때로 교실이나 학교에서 학생 한 명을 배제해야 하는 불가피한 상황을 맞게 되는데, 이는 그것이 그 학생에게 최선이기 때문이 아니라 다른 모든 학생들에게 최선이기 때문에 내리는 결정이다. 오직 그 학생만을 기준으로 결정을 내릴 수도 있지만, 이 경우 그를 제외한 모든 학생이 희생을 감수해야 한다. 선도 대상 학생을 위해 어떤 조치가 최선인지도 신중히 따져 봐야 하지만 우리는 또한 학교를 위해 무엇이 최선인지 생각해 볼 필요가 있다.

훌륭한 교장은 교사가 자신의 개인적인 욕구보다 학생들의 필요를 우선시하기를 기대하며, 스스로도 그러려고 노력한다.

학교에는 무엇이 최선일까

교장은 교직원 관리에 있어서도 같은 질문을 던져야 한다. "이 선생님을 위해 무엇이 최선일까?" (몇 학년을 맡겨야 할까? 의사소통 기술 연수에 보내야 할까? 수업 운영방식에 대한 지도가 필요한가?) 교장은 해당 교사뿐 아니라, 모든 교사에게, 그리고 학교 전체에 무엇이 최선인지 큰 맥락에서 살펴야 한다.

교장에게 충성을 다할 것 같다는 생각에 역량이 부족한 교사를 채용한다면 우리는 학교를 발전시킬 기회를 놓치게 된다. 훌륭한 교사는 때때로 교장의 결정에 이의를 제기하거나 강한 반대를 표할 수도 있다. 그러나 그가 언제나 학생을 중심으로 생각하는 사람이라면, 아마도 그 교사가 옳을 것이다. 나는 교장 시절, 서로 다른 의견을 제시하는 교사 둘이 있을 경우, 둘 간의 의견이 아무리 상극일지라도 평소 그들이 일관되게 학생에게 최선인 것을 기준으로 결정을 내리는 교사들이라면 둘 다 옳다고 믿었다.

이러한 종류의 충성심은 우리가 '진북'에 나침반을 고정할 수 있게 하고, 학교의 어린 학생들을 위해 우리가 할 수 있는 것을 최대화하도록 도울 것이다. 모든 교장은 충성을 다하는 교사를 좋아한다. 그러나 훌륭한 교장은 교사가 학생들에게 충실하기를 기대한다.

훌륭한 교장은 교사들의 충성심이
자신보다는 학생과 학교를 향하기를 기대한다.

14

훌륭한 교사를 기준으로
생각하라

●   교장은 논란이 될 만한 결정을 내려야 할 때가 있다. 그리고 학교 안에는 언제나 불만이 가득한 교사, 매사에 꾸물거리는 교사, 그리고 맡은 일을 잘하고 변화를 수용하는 교사가 있게 마련이다. 훌륭한 교장과 그렇지 못한 교장의 가장 중요한 차이점 중 하나는 어려운 결정을 내릴 때 기준을 어디에 두는가이다. 훌륭한 교장은 모든 결정의 기준을 최고의 교사에게 둔다. 이것은 직관에 반하는 것처럼 보일 수 있다. 교사들은 대개 중간 수준을 기준으로 가르쳐야 한다고 믿기 때문이다. 하지만 학교가 더 잘되길 바란다면, 교장은 늘 최고의 교사들을 기준으로 삼아야 한다. '알 버르'는 교사를 다음의 세 가지 유형으로 구분한다(Burr, 1993). 최고 수준의 슈퍼스타형 교사superstars, 보통 수준의 열심히 하는 교사backbones, 하위 수준의 그저 그런 교사mediocres. 훌륭한 교사는 전형적으로 슈퍼스타 범주에 속한다. 교장이 슈퍼스타형 교사를 분별할 수 있는 몇 가지 쉬운 기준이 있다.

- 졸업생들이 최고의 교사로 기억한다.
- 학부모가 정기적으로 상담을 요청한다.
- 동료 교사들이 존경한다.
- 학교를 떠나면 그만한 교사를 구하기 힘들다.

슈퍼스타형은 전체 교사 중 상위 5~10퍼센트 정도가 해당한다. 학교당 이 범주에 드는 교사가 한두 명에 불과할 수도, 운이 좋으면 열 명 정도 될 수도 있다. 훌륭한 교장은 학교의 발전이 최고의 교사들에게 달려 있다는 것을 알고 있다. 그러니 그런 슈퍼스타 교사를 소중히 여길 수밖에.

최고의 교사는 어떻게 생각할까

어떤 결정을 내리거나 변화를 시도하기 전에, 훌륭한 교장은 한 가지 중요한 질문을 떠올린다. "우리 학교 최고의 교사들은 어떻게 생각할까?" 이것은 훌륭한 교장이 그 이외의 사람들을 전혀 고려하지 않는다는 것이 아니라, 훌륭한 교사들의 생각을 언제나 염두에 둔다는 것을 의미한다.

나는 중학교 교장들의 리더십을 연구한 적이 있다. 거기에서 훌륭한 교장들의 세 가지 결정적인 특징을 발견했는데, 그중 하나는 학교의 중요한 결정을 내려야 할 때 교사들 사이의 멘토로 통하는 이들에게 조언을 구한다는 것이다(Whitaker, 1993).

왜일까? 교장으로서 아래의 두 가지 질문을 생각해 보자.

- 최고의 교사들이 좋아하지 않는 아이디어를 나머지 교사들이 받아들일 확률이 얼마나 될까?
- 최고의 교사들이 좋아하지 않는 아이디어가 실제로 좋은 아이디어일 확률은 얼마나 될까?

나는 교장으로 일할 때, 중요한 결정을 내리기 전 몇몇 영향력 있는 교사들의 의견을 듣는 것을 원칙으로 했다. 그들이 좋다고 인정을 해 주면 비로소 변화의 실행을 위한 중요한 첫걸음을 내디뎠다. 다행히 훌륭한 교사들의 생각은 굳이 추측할 필요 없이 직접 물어보면 알 수 있다. 그들은 교장이 수용할 수 있는 방식으로 진실을 말해 준다. 게다가 그들은 우리의 대화를 비밀로 해 줄 것이다. 만약 그들이 상습적으로 말을 옮기는 사람이었다면, 애초에 동료 교사들로부터 그토록 견고한 신뢰를 얻지도 못했을 것이다.

훌륭한 교사는 또한 학교 전체를 조망하며 일을 한다. 자신의 업무 위주로만 생각하는 시야가 좁은 교사들도 있다. 하지만 우리의 슈퍼스타들은 훨씬 더 큰 맥락에서 자신의 역할을 이해한다. 자신의 영역만 챙기며 능숙하게 로비를 할 수도 있지만 학교와 지역의 전체적인 차원에 대한 이해와 인식을 바탕으로 업무를 수행한다. 따라서 훌륭한 교사의 관점은 교장이 내리는 결정에 큰 도움이 될 수 있다.

나머지 사람들의 의견을 배척하라는 뜻은 아니다. 이들에게도 의견을 물어야 한다. 하지만 이는 다른 이유 때문이다. 즉, 대다수의 교사들에게 자신도 참여한 결정이라는 느낌을 주기 위한 것이다.

훌륭한 교장은 자신 있게 조언과 피드백을 구한다. 흥미롭게도 역량이 부족한 교장은 이런 슈퍼스타 교사들의 도움을 덜 열망한다. 어려운 결정을 내려야 할 때마다 슈퍼스타들이 자신을 지켜보고 있다는 사실을 의식하며 부담을 느낄 뿐이다. 자존감이 부족한 사람은 뛰어난 동료가 주변에 있는 것을 불편해한다. 그러나 자존심을 억누르고 언제든 그들에게 의견을 구할 수 있는 리더라면 훌륭한 교장의 자질이 충분하다고 할 수 있다.

새로운 아이디어를 실행하려면

교장은 학교의 변화를 촉진하기 위해 많은 전략을 사용한다. 일반적인 전략은 교사 그룹을 새로운 아이디어와 실천 사례가 자리 잡고 성장하는 학교로 견학을 보내는 것이다. 물론 이것도 좋은 방법이지만, 우리 학교 안에 이 같은 긍정적 사례가 있다면 얼마나 더 생산적일지 생각해 보자. 학교의 슈퍼스타 교사는 가장 훌륭한 연수 대상이다. 동료들로부터 이미 검증을 받은 교사이므로 그들이 구현하는 새로운 아이디어는 효과가 있을 가능성이 매우 높다. 학교 내에 롤모델이 있다면 수용과 실행이 확대될 가능성이 기하급수적으로 커진다.

대부분의 교장은 보통의 교사들(교직원의 80~90%)을 결정의 기준으로 두고 시간과 에너지를 그들에게 집중해야 한다고 생각한다. 그들은 이것이 학교를 발전시키는 길이라고 본다. 하지만 그들은 동료 집단의 힘을 간과하고 있다. 일단 슈퍼스타 교사들이 앞으로 나아가면, 보통 수준의 열심히 하는 교사들도 그들과 함께 움직인다. 심지어 하위 수준의 그저 그런 교사들도 그 무리를 따라가게 된다. 불평만 하거나 꾸물거리는 사람들도 관심받고 싶은 마음은 똑같아서 다른 사람들 곁에 머무르려 한다.

유능한 교장은 움직이기 가장 어려운 교사는 맨 뒤에 있는 교사가 아니라 맨 앞에 있는 교사라는 것을 알고 있다. 무능한 교장일수록 저항이 가장 심한 뒷줄의 교사들에게 집중한다. 그들은 새로운 프로그램을 발견해도 '투덜이 이 선생이 또 못 한다고 할 테니 시도해 볼 필요도 없지.'라고 생각한다. 한 명을 승선시키지 못하면 모두를 태울 가능성은 없다. 학교에서 적어도 한 명의 교사가 협동학습을 시작하기 전까지는 어떤 교실에서도 협동학습은 일어나지 않는다. 최고의 교사들은 새로운 것을 시도하는 위험을 감수할 수 있을 만큼 자신감이 넘치며, 특히 더 중요한 것은 그들이 그것을 해낼 수 있을 만큼 재능과 직관력이 있다는 것이다. 슈퍼스타 교사들은 존경받는 롤모델로서, 길을 인도한다.

새로운 아이디어에 대한 연구보고가 필요한 경우도 있을 것이다. 그러나 훌륭한 교장은 훌륭한 교사들에게 무작정 이를 떠넘기지 않는다. 그들은 혁신적이고 창의적인 사람들이다. 연구보고서부터 쓰게 할 것이 아니라 그들의 교실에서 자그맣게라도 직접 그 아이디어를 실행해 보도록 도와야 한다. 최고의 교사들에게 그 아이디어가 인정을 받아 점차적으로 프로그램이 확대되다 보면 관련 연구도 자연스럽게 이루어질 것이다.

최고의 교사는 어차피 괜찮으니까?

무슨 일이든 보통 수준 혹은 하위 수준의 교사들에게 초점을 맞추고 일을 하는 교장들이 있다. 이유를 물으면 슈퍼스타형 교사들은 "어차피 괜찮을 것"이기 때문이란다. 이는 틀림없는 사실이긴 하다. 그러나 슈퍼스타들을 그저 괜찮은 수준에만 머물게 한다면 그들은 더 이상 훌륭한 교사가 될 수 없다.

당연히 이 뛰어난 인재들은 혼자서도 괜찮고 누구보다 잘 해낼 것이다. 수업 분위기도, 학생이나 동료와의 관계도 훌륭하게 유지할 것이다. 실망이나 서운함을 드러내지도 않을 것이다. 그러나 우리는 더 큰 비용을 치러야 한다. 바로 학교에서 그들의 목소리를 잃는 것이다.

우리의 슈퍼스타들은 역량 있는 교사이지만, 우리가 그들의 기여를 소중히 여기지 않는다면, 그들은 자기 교실 안에서만 재능을 발휘할 것이다. 이는 학교를 향해 열려 있던 그들의 문을 닫는 것과 같다. 그들의 마음도 함께 닫힌 것이다.

교장은 슈퍼스타의 영향력이 그들의 학년, 부서, 그리고 학교 전체에 미치도록 관심을 기울여야 한다. 엉뚱한 교사들에게 집중하느라 가장 소중한 교사들의 헌신을 저버려서는 안 된다. 학교 안에 흔하디흔한 두 가지 예를 살펴보자.

아직도 몇몇 분이 성적을 제출하지 않았네요!

거의 모든 학교의 예산과 비품은 한계가 있다. 우리는 할 수 있는 모든 곳에서 지출을 줄여야 한다. 하지만 교사들에게 절약을 명령하고 지시하면 이미 충분히 잘하고 있는 교사들은 불쾌감을 느끼고 그렇지 않은 교사들은 남의 일인 듯 무시할 것이다.

《까칠한 교사 대하기*Dealing With Difficult Teachers*》(Whitaker, 2015)라는 책에서 나는 복사기에 붙여 놓은 "20부 이상 복사하지 말 것!"이라는 문구를 예로 들었다. 물론 목적은 특정 교사들이 복사기를 과도하게 사용하는 것을 막는 것이다. 하지만 어떻게 될까? 훌륭한 교사들은 이 메시지가 영 신경 쓰인다. 얼마 전에 20부를 넘게 복사했을 때를 기억하며, 학교에 배상이라도 해야 할지 불편한 마음을 갖게 된다. 반면에 복사기를 마구 사용하는 교사들은 이 문구에 전혀 영향을 받지 않는다. 문구를 무시하고 계속해서 종이를 마구 써 댄다. 이들은 복사기를 자물쇠로 잠그면 종이 대신 페이퍼 클립 같은 다른 비품을 낭비할 것이다.

한두 명의 형편없는 교사들에게 초점을 맞추고 모두에게 지시를 쏟아붓는 것은 실수다. 이는 괜히 슈퍼스타 교사들에게만 죄책감을 느끼게 할 뿐이다. 최악의 경우 그들은 모욕감을 느낄 수 있다. "왜 내가 이런 말을 들어야 하지?" 그들이 옳다. 왜 잘하고 있는 교사들에게 잔소리를 하는가? 교장은 슈퍼스타들에게 섬세하게 반응하고 지지해 줄 필요가 있다. 결국 그들이 학교의 성공을 결정할 것이기 때문이다. 누가 복사기를 과다하게 사용하는지 모르면 알아내고 그들과 직접 대화해야 한다. 이렇게 한다고 그들이 낭비하는 습관을 즉각 고칠 리 만무하지만, 최소한 훌륭한 교사를 모욕하는 일은 피할 수 있다.

서류 제출 마감일에도 같은 규칙이 적용된다. "아직도 몇몇 분이 성적을 제출하지 않았네요!"와 같이 두루뭉술하게 얘기하면 게으른 교사들이 익명으로 숨을 수 있도록 해 줄 뿐만 아니라, 가장 뛰어난 교사를 근심하게 만든다. 내가 제대로 제출했던가? 담당자가 서류를 어디 잘못 두었나? 컴퓨터에 오류가 생겼나? "우리 학교 최고의 교사들은 어떻게 생각할까?"라고 물음으로써, 우리는 슈퍼스타들의 주인의식을 훼손하지 않고 오히려 강화할 수 있다.

교장 끄나풀?

슈퍼스타 교사를 교장의 충견으로 비치지 않도록 하는 것이 중요하다. 슈퍼스타는 교장의 신뢰를 받는 조언자다. 하지만 만약 다른 교직원들이 그 관계를 편애로 인식한다면, 그들은 슈퍼스타에 대한 존경을 거두고 심지어 원망할 수도 있다. 우리는 의견과 피드백을 요청할 때 신중해야 한다. 우리의 진정한 슈퍼스타들은 동료 교사 앞에서 특별 대우로 눈에 띄는 것을 원하지 않는다.

최고의 교사들을 우선시하는 이러한 개념은 새롭고 생소해 보일 수 있지만, 훌륭한 교장과 그렇지 못한 교장 사이의 결정적인 차이점 중 하나다. 최상위 영업 직원이 회사 매출의 대부분을 차지하는 것처럼, 학교의 주요 교사들이 대부분의 업무를 담당한다. 학교 안의 슈퍼스타를 양성하고, 더 많은 스타를 양성하기 위해 노력하라. 결정을 내릴 때는 슈퍼스타를 앞세워라. 학교는 더 나아질 것이다. 그리고 더 즐거워질 것이다.

결정을 내리거나 변화를 시도하기 전에
훌륭한 교장은 스스로에게 질문을 던진다.
"우리 학교 최고의 교사들은 어떻게 생각할까?"

15

이렇게 하면 누가 불편해질까

● 　　　　　　　　　　　모든 교장은 예외를 둘 필요가 있을 때 규칙이나 지침을 균형 있게 적용해야 하는 어려움에 직면한다. 아무리 열심히 소통해도 기준이 명확하지 않으면 힘든 상황이 발생할 수 있다. 따라서 교장은 주요 신념을 반영하는 자신만의 기준을 마음속에 가지고 있어야 한다.

이 장에서는 효율적인 리더십을 지원하는 한 가지 기준을 제시한다. 결정을 내릴 때, "누가 이 상황에서 가장 편안하고 누가 가장 불편한가?"라고 물어보자. 이 질문은 이전 장의 "훌륭한 교사를 기준으로 생각하라."는 지침과도 부합한다.

모두를 훌륭한 사람으로 대우해 보자

내 친구 한 명이 오래된 다세대 주택을 한 채 사서 수리한 다음 세를 주어 큰 수익을 거뒀다. 나라도 충분히 할 수 있을 것 같은 일로 누군가가 성공을 거둔다면, 나는 더 많이 배우고 싶은 호기심이 발동한다. 어느 날 밤 그 친구에게 물었다. 다세대 건물을 매입했는데 그중 한 호에 매너가 꽝인 세입자가 살고 있다면 어떻게 하겠느냐고. 친구의 대답은 나의 심금을 울렸다.

"일단 건물 전체를 엄청 훌륭하게 개조할 거야. 그 수준 낮은 세입자는 그런 좋은 집에서 살아 본 적이 없는 사람일 테니까 틀림없이 둘 중 하나를 선택하겠지. 불편하다며 알아서 이사를 나가거나, 계속 머무르고 싶어 고급 주택에 어울리는 매너 있는 행동을 시작하거나."

같은 현상이 학교에서도 일어난다. 사람들은 불편을 느끼면 변하게 되어 있다. 교장으로 재직할 때, 이 원칙이 효과를 발휘할 수 있는 기회가 있었다. 불편함을 느끼는 사람들은 편한 쪽으로 행동을 바꾸었다. 나는 훌륭한 교사들이 불편한 상황에 처하지 않기를 바랐다. 교무회의에서 있을 법한 예 하나를 살펴보자. 투덜이 교사가 신랄하게 비판하며 회의를 주도한다면, 훌륭한 교사는 불편해할 것이다. 덜 훌륭한 교사들은 투덜이의 비판이 불편하다기보단 즐거울 것이다. 이때 내가 이성을 잃고 비전문가처럼 반응한다면, 훌륭한 교사는 더욱 더 불편해지고 거리를 두게 될 것이다. 그러나 내가 침착하게 그 상황에 대처한다면? "더 이야기해 볼 만한 가치가 있군요. 다시 얘기해 보죠. 저는 보통 6시 30분쯤 출근하니 적당한 날에 아침 시간이 괜찮다면 한번 교장실을 방문해 주세요." 투덜이 교사는 관중을 잃게 되고, 불평을 계속 늘어놓으려면 아침 일찍 일어나야 할 것이다. 반면 훌륭한 교사는 기쁜 마음으로 나와 같은 편이 될 것이다. 우리는 같은 원칙을 학부모에게도 적용할 수 있다. 최근에 한 학교가 학생 800명의 가정에 보낸 짧은 편지를 보았다.

친애하는 학부모님께.

야외 체험학습이 끝나고 아이들을 실은 버스가 늦게 도착하여 정규 셔틀버스가 없을 경우 자녀를 데리러 오셔야 합니다. 만약 제시간에 즉각 데리러 오지 않으면 자녀는 돌봄교실에 맡겨지고 시간당 만 원씩 부담하셔야 합니다.

한번 생각해 보자. 그 편지가 800 가정 중 과연 몇 가정을 위해 쓰인 것인지. 아마 서너 가정일 것이고 불행히도 그 서너 가정은 그 편지를 읽지 않을 가능성이 크다. 이 학교는 소수의 학부모 때문에 796 가정에 무례를 범한 것이다. 게다가 이 서너 가정은 아이를 데리러 가야 한다는 것을 이미 알고 있었다. 알면서 단지 늦게 갔을 뿐이다. 혹은 그 편지를 보며 '시간 맞춰 데리러 가지 않는 사람이 우리 집 말고도 많구나.'라고 생각할 수도 있다. 반면에 다른 부모들은 '도대체 이런 얘기를 왜 나한테 하는 거지?' 하고 의아해할 것이다.

모든 학부모에게 그런 편지를 보낸 것은 잘못된 선택이었다. 그 편지로 그동안 기껏 노력하고 잘해 온 학부모가 불편해졌기 때문이다.

무관심한 몇몇 학부모에게만 따로 전화를 걸어 그들만 불편하게 만드는 방법을 택했어야 한다. 원칙적으로 나는 가정통신문 보내는 것을 그리 좋아하지 않는다. 하지만 부득이 알려야 할 일이 있다면 긍정적인 학부모에게 초점을 맞춰서 모두를 훌륭한 사람으로 대우하고자 노력한다.

이런 편지는 어떨까?

친애하는 학부모님께.

야외 체험학습이 끝나고 아이들을 실은 버스가 늦게 도착하여 정규 셔틀버스가 없을 때 자녀들을 직접 데리러 와 주신 점에 감사드립니다. 훌륭히 협조해 주셨기에 좋은 체험학습의 기회를 아이들에게 제공할 수 있었고 더욱 안전하게 귀가시킬 수 있었습니다. 다시 한번 진심으로 감사드립니다.

이 메시지는 자녀를 늦게 데리러 오는 소수 학부모의 주의를 환기하는 아주 효과적인 방법이 된다. 먼젓번 편지와 비교했을 때, 이 편지는 바람직한 행동을 강화한다는 장점이 있다. 시간을 지켜 온 학부모는 편안함을, 늦은 학부모는 불편함을 느끼게 된다.

이는 교사들에게도 마찬가지다. 시험 성적 제출 마감일이 다가올 때 당신은 어떤 말로 환기하는가?

다시 알립니다! 모든 성적은 반드시 오늘 오후 3시까지 제출해 주세요.

이런 내용의 알림은 할 일을 이미 끝낸 부지런한 교사들에게 귀찮고 불편한 느낌을 줄 수 있다. 다음과 같이 바꿔 보자.

성적 제출을 완료해 주신 선생님들께 감사의 말씀을 드립니다. 덕분에 이번 학기도 무사히 마무리할 수 있게 되었습니다. 늘 부지런히 일해 주시는 선생님들이 계시기에 학교의 모든 업무가 수월하게 진행되고 있습니다. 다시 한번 감사를 전합니다.

이 접근법은 여러 분야에서 행동 결정의 지침이 될 수 있다. 몇몇 아이의 행동 때문에 단체 기합을 주는 교사는 어떤가. 행실이 바르지 못했던 학생들에게 불편함을 주기는 하겠지만, 그보다 평소 책임감 있는 학생들은 화가 나서 그 교사에 대한 존경심이 훨씬 줄어들 것이다. 교사들은 항상 '우수한 학생들은 내 결정을 어떻게 생각할까?'를 고려해야 한다. 그러면 매번 적절한 훈육을 할 수 있을 것이다.

골동품 가게의 고객과 절도범 이야기를 생각해 보자. 그들을 같은 방식으로 대할 수 있을까? 점원이 미소 띤 얼굴로 "무엇을 도와 드릴까요?"라고 묻는데 기분 상할 고객이 있을까? 좀도둑질을 막는 데는 비난하는 투로 "거기서 뭐 하는 거요?"라고 쏘아붙이는 것보다 효과적이지 않을까? 두 방법 간의 차이점이라면 그저 시나리오에 악당이 등장하느냐 안 하느냐 정도이다. 등장하는 모든 사람을 선한 사람으로 여기기 때문이다.

불편한 마음이 사람을 변화시킨다

교장과 공격적인 성향의 학부모가 논쟁을 벌인다면 누구의 마음이 불편해질까? 학부모는 아니다. 적대적인 사람은 논쟁을 좋아한다. 그런 사람과는 절대 논쟁하지 말아야 한다. 그들은 그런 논쟁의 달인이기 때문이다. 교장은 학부모들이 바르게 행동하도록 유도해야 한다. 그들의 부적절한 기술이 더욱 정교해지도록 기회를 제공하는 것은 교장의 임무가 아니다. 학부모와 논쟁하여 불편함을 느끼는 쪽은 안타깝게도 교장이며, 결국 학부모들을 기피하게 된다. 그런 학부모는 교장이 어떻게 행동했는지, 뭐라고 말했는지, 그 말싸움이 어떻게 끝났는지 모든 사람에게 시시콜콜 이야기하고 다닐 수 있으니 두려울 것이 없다. 그 부모는 논쟁할 준비를 마치고 언젠가 다시 학교로 찾아올 것이다.

앞서 논의한 '복사 20부 이상 제한'의 예를 상기해 보자. 이런 접근법은 스스로에게 높은 기대치를 거는 사람들을 정말 불편하게 만든다. 성취 동기가 높은 사람은 모욕감을 느껴 일에 대한 열정이 줄어들고 학교에 대한 애정도 사라질 것이다. 반면에 정작 영향을 끼치려 했던 사람들에게는 거의 효과를 발휘하지 못한다. 그들은 이미 규칙을 무시하고 합리화할 방법을 알고 있다. 어떤 규칙이 생겨도 이를 교묘히 피해 가는 방법을 궁리하느라 더 많은 시간을 쏟을 것이다.

누가 가장 편하고 누가 가장 불편한가라는 질문을 지속적으로 하다 보면, 교장이 추구할 방향이 무엇인지 명확하게 알게 될 것이다. 교장은 무능한 사람을 불편하게 만들어야 한다. 교장의 결정이 최소한 열심히 하려는 사람을 불편하게 만들어서는 안 된다. 유능한 교장은 '바른 행동을 하는 사람이 편안하게 느끼도록 배려하라'는 기본 원칙이 스스로에게도 이롭다는 것을 안다. 옳은 사람을 위한 결정을 내릴 때면 그들도 이내 편안함을 느끼게 되므로.

성과급에 대하여

나는 지금 대학의 교수로 일하고 있다. 대학은 때때로 아주 흥미로운 방법을 쓴다. 대학에 유행하는 추세가 한 가지 있는데, 바로 성과급이다. 우리 대학에서는 교수 임금 인상을 동료 평가에 의해 결정한다. 우리로 치자면, 교사의 임금 인상을 동료 교사가, 교장의 임금을 옆 학교 교장이 결정하는 식이다. 당연히 이는 논쟁의 소지가 많다. 대학에서 일한 실적의 양을 따진다는 것은 거의 불가능하다. 그래서 감정이 상하고 격해지며 서로 간의 관계만 손상된다. 한 해가 지난 후 이 프로그램에 대해 교수들이 어떻게 생각하는지 무기명 설문조사를 실시했다. 조사 결과가 나온 직후 우연히 대학 총장을 만났다. 총장은 이 획기적인 프로그램을 교수들이 어떻게 생각하는지 매우 궁금해하는 중이었다. 나 역시 설문 결과가 매우 중요한 정보를 제공할 것이라는 사실에 동의하면서도, 무슨 사안이든 모든 교수의 의견을 반영해 결정할 필요는 없다고 말했다. 그는 내게 무슨 뜻이냐고 물었다. 나는 성과급을 통해 누구에게 보상을 주고 싶은지 생각해 볼 필요가 있다고 대답했다. 이 대학의 훌륭한 교수가 보상을 받았다고 느낀다면, 다른 교수의 사고방식에도 도움이 될 것이기 때문이다. 만약 그렇지 않다면, 다른 사람이 어떻게 생각하든 그 프로그램은 가치가 없는 것이다. 공교롭게도 그 설문조사 결과 3분의 1은 찬성, 3분의 1은 중립, 3분의 1은 반대였다. 자, 문제는 이들 3분의 1 각각이 어느 부류에 속하는지에 달려 있다. 만약 최악의 교수 3분의 1이 불편함을 느꼈다면 그 프로그램은 지속적으로 시행할 만한 가치가 있는 것으로 간주해도 좋다. 그러나 단 5퍼센트가 그 계획에 반대했는데 그 5퍼센트가 훌륭한 교수였다면 그 아이디어는 반드시 재검토되어야 한다. 가장 중요한 것은 훌륭한 교수들이 어떻게 생각하느냐이다.

다수의 의견을 모으는 것은 항상 괜찮은 방법이다. 그러나 더 중요한 것은 열심히 하는 사람들의 견해가 무엇인지를 알아내는 일이다. 어려운 결정에 직면했을 때, '훌륭한 교사들은 어떻게 생각할까'를 자문한다면 덜 외로워질 것이다. 물론 훌륭한 교사에게 가서 직접 묻는다면 외로움은 더욱 줄어들 것이다.

훌륭한 교장은 결정을 내릴 때마다 누가 가장 편할지 누가 가장
불편할지를 끊임없이 자문한다. 그리고 교사들을 대할 때는
모두가 훌륭한 사람이라고 생각하며 대우한다.

16

성취도 높은 교사 이해하기

● 　　　　　　　　　　　　교장의 가장 큰 과제 중 하나는 성취도가 높은 교사들과 성공적으로 일하는 것이다. 성취도가 높은 교사들은 학교 내에서 많은 일을 한다. 교장이 그들과 효과적으로 협력하지 않는다면, 대체 불가능한 그들의 소중한 기여를 잃게 될 것이다. 훌륭한 교장은 이런 주요 인재들의 특성을 잘 이해하고, 그들의 요구에 민감하게 반응해 그들이 능력을 최대로 발휘할 수 있게 한다.

사소한 오류는 못 본 척하기

더그 피오레는 유능한 교장과 덜 유능한 교장의 차이를 조사한 연구에서 가장 뛰어난 교장은 사소한 오류를 무시한다는 중요한 변인 하나를 발견했다(Doug Fiore, 1999). 비록 이 연구가 교장이 성취도가 높은 교사들을 어떻게 다루는지에 국한되지 않았지만, 그것이 어떻게 실행되는지 볼 수 있다.

성취도가 높은 교사들은 매우 높은 기준을 고수한다. 그들은 자신이 하는 모든 일에 성공하기를 기대하며 그렇게 하기 위해 엄청나게 열심히 일한다. 그것이 그들이 그렇게 일을 잘하는 이유다. 성취도가 높은 사람은 다른 사람에게 단점을 지적당하면 감정적으로 위축된다. 그들은 자신에게 엄청난 것을 기대하는 데 익숙하고 다른 사람들을 실망시키는 것을 싫어하기 때문이다. 만약 우리가 그들의 업적에서 사소한 결점을 지적하면, 그들은 위험을 감수하는 것을 피하고 자신이 성취한 바를 더 감추게 된다. 이렇게 되면 우리가 최고의 롤모델들에게 원하는 것과는 정반대의 결과를 낳는다. 그들의 업적이 다른 사람들에게 본보기가 되고 영감을 주길 희망해야 한다.

피오레의 연구는 또한 교장이 사소한 실수를 반복해 지적하면 교직원들은 교장과 접촉하거나 교감하는 것을 꺼린다고 지적했다. 무능한 교장일수록, 교사는 교장의 발언을 줄곧 부정적으로 인식한다. 우리는 자신의 자존심을 위해 지속적으로 실수를 지적하는 사람을 멀리하는 경향이 있다.

필자에게는 정말 뛰어난, 아마도 전국구 수준의 훌륭한 교장 친구가 있다. 신임 교육감이 부임했을 때, 내 친구는 그가 자기 학교를 방문하기를 간절히 바랐다. 우리는 누구나 자랑거리를 내보이기를 좋아하는데(그래서 자녀 사진을 지갑이나 수첩에 넣고 다닌다!), 그도 예외는 아니었다. 그의 교사와 직원들은 몇 가지 뛰어난 업적을 이루었고 그는 다른 사람들에게 그것을 보여 주고 싶어 했다. 새 교육감이 부임한지 얼마 되지 않아 친구네 학교를 방문하게 되었다. 신임 교육감이 그의 학교에서 일어나는 모든 멋진 일들을 이내 알아챌 것이라는 생각에 교장은 신이 났다. 교육감은 두어 시간 동안 여러 교실을 순회했다. 교장은 그 피드백을 듣고 싶어 안달이 날 지경이었다. 마침내 그 순간이 왔고 교육감은 교장실에 앉았다. 그는 첫 번째 복도 끝에 있던 교실의 교사 이름을 물었다. 교장에게는 희소식이었다. 왜냐하면 그 교사는 2학년 교사로 그 학교 최고의 교사인 김 선생이었기 때문이다. 교장은 김 선생을 다른 학교에서 어떻게 초빙했는지, 그가 학교에 어떤 혁신적인 아이디어를 가져왔는지, 그리고 그가 학생들을 위한 얼마나 훌륭한 롤모델인지 즐겁게 이야기했다. 정말이지 교장은 그 당시 김 선생과 자기 자신에 대해 상당히 만족하고 있었다.

하지만 교육감은 그 교사가 칠판을 사용하면서 몸으로 칠판을 자주 가려서 이름이 궁금했다고 말했다. 세상에, 이런 트집을 잡을 줄이야! 교장이 어떻게 생각했을지 우리 모두 짐작할 수 있다. 이렇게 멋진 일들이 많이 진행되고 있는 가운데 교육감이 학교를 처음 방문해서 한 일이 가장 사소한 지적질로 마무리되었다.

그 일로 내 친구 교장은 마음에 상처를 받았을 뿐 아니라, 교육감이 다음에 또 학교를 방문한다면 환영할 마음도 완전히 사라졌다. 무엇보다 그 교육감은 그간 기울인 교장의 노력에 찬물을 끼얹었다. 그 교장은 여전히 학교에서 잘하고 있지만, 모든 일에서 전보다 물러서 있는 모양새다. 그의 업적은 더 이상 지역 전체에 영향을 미치지 않는다. 그는 아무도, 특히 교육감이 그들에 대해 관심을 보이지 않기를 바란다.

교장이 성취도가 높은 교사들을 적절하게 대하지 않을 때 같은 일이 일어난다. 성취도가 높은 교사들은 자신이 하는 일에 너무 많은 것을 쏟아붓기 때문에 아무리 사소한 비판이라도 개인적인 모욕으로 느낄 수 있다. 결국 아무리 건설적인 비판이라 할지라도 이를 진심으로 좋아하는 사람은 없는 법이다.

만약 교장이 성취도가 높은 교사들에게 업무 결과에 대해 묻는다면, 그들은 상상 이상으로 자신에게 비판적일 것이다. 나는 어느 교사의 수업을 참관하다가 놀라운 교훈을 얻은 적이 있다. 수업 관찰 후 수업 진행에 대해 스스로 어떻게 느꼈는지 물었는데 그는 몇 분 동안 그 훌륭한 수업을 조목조목 꼬투리를 잡았다! 나는 결국 그의 말을 끊고 앞으로는 내가 관찰한 모든 긍정적인 면들에 집중해 줄 것을 요청했다. 나의 칭찬은 우리의 관계를 더욱 돈독히 해 주었다. 그는 자신의 수업에 대해 비판하는 것을 결코 멈추지 않았지만, 그로 인해 특별한 교사가 되었다. 나는 그런 교사들과 친해지고 싶다. 그들은 학교를 훌륭하게 만드는 교사들이다.

슈퍼스타에게는 자율성과 인정을

알 버르가 슈퍼스타 교사를 논했을 때, 그는 진정으로 뛰어난 교사가 만족을 느끼고 동기를 가지려면 두 가지가 필요하다고 지적했다. 바로 자율성과 인정이다(Burr, 1993). 슈퍼스타들에게 자율성, 즉 그들이 아는 최선의 것을 할 수 있는 자유를 주자. 기회와 위험을 감수할 수 있도록 허용하자. 다른 교직원들이 따라갈 수 있는 혁신을 구현하는 것을 지켜보자. 앞서 언급했듯이, 최고의 교사가 새로운 아이디어를 마음껏 펼쳐 보기도 전에 연구보고서부터 요구하지 말자. 대신 그 과정을 문서화하여 다른 모든 사람이 이 과정을 따라하도록 유도하는 방법을 강구하자.

슈퍼스타들에게 자율성을 주려면 너무 많은 규칙을 두어서는 안 된다. 규칙은 교사들의 행동을 통제하는 효과는 있지만 훌륭한 교사들까지 통제하여 자율성을 빼앗게 된다. 무능한 이들은 규칙이 있어도 어차피 잘 따르지 않는다.

자율성과 더불어, 성취도가 높은 교사들에게는 인정이 필요하다.

반드시 공식적인 인정을 의미하는 것은 아니다. '올해의 선생님' 상은 보통 그 사람이 그해 최고의 교사라는 것을 의미하지 않는다. 단지 그 전에 상을 받지 않았다는 의미일 수도 있다. 최고의 교사는 매년 동일한 사람일 가능성이 높다. 더 많은 이들에게 수여하려고 매년 다른 사람을 선정할 뿐이다.

상장 대신, 훌륭한 교사들이 하는 일이 색다르고 특별하다는 것을 꾸준히 인정하자. 그들이 학교와 학생들에게 얼마나 중요한 존재인지 기회가 될 때마다 알려 주자. 메모지에 남겨도 좋고, 이메일을 보내도 좋고, 책상 위에 쪽지를 남겨도 좋다. 요컨대, 지속적으로 그들의 노력을 강화하라는 의미다. 상당한 노력이 필요한 일이지만, 교장이 투자하는 모든 에너지는 큰 수익을 남긴다. 교장이 다른 사람들, 특히 우리의 가장 높은 성취를 이룬 사람들의 노력을 인정할 때, 그들은 소속감을 높이고 노력을 배가시킨다. 우리가 그들에게 존경을 표할 때, 그들은 교장을 더 존중한다. 교사들, 특히 우리가 가장 소중히 여기는 교사들을 지원하면 모든 사람들이 일을 더 쉽고 만족스럽게 할 수 있게 된다.

교원 평가

현재 내가 하는 일의 많은 부분은 교원 평가와 관련이 있다. 내가 처음 교원 평가에 관심을 가지게 된 것은 교장 1년차에 근무했던 학교가 속한 교육청의 평가 방법 때문이었다. 당시 내가 가장 존경했던 최고의 교사들 중에는 평가의 가치가 제한적이라고 넌지시 말하는 이도 있었고, 다소 우습다고 여기는 교사도 있었다.

나는 훌륭한 교사들이 거의, 혹은 전혀 가치가 없다고 생각하는 일을 고수할 생각이 없었다. 그들의 의견에 따라, 나는 교육청이 요구하는 평가 방식이 아닌 새로운 접근법을 시도해 보기로 했다.

그중 한 부분은 연말 종합 체크 리스트로, 이에 대한 요약 버전은 아래의 표와 같다.

	기대 이하	기대 충족	기대 이상
학생들의 행동을 적절하게 관리한다.			
수업 준비가 잘되어 있다.			
학생들의 학업 성취 현황을 잘 파악한다.			
규정과 지침을 잘 따른다.			

실제 이 리스트에는 20가지 기준이 나열되어 있다. '물 위를 걷는 수준(walk on water)' 즉 WOW라 불리는 세 번째 칸(기대 이상)은 몇 년 전

에 가장 우수한 교사들을 북돋기 위해 추가되었지만 결과는 아이러니했다.

성취도가 높은 교사는 20가지 기준 중 무려 18개 기준에서 WOW를 받는다 해도 (아마도 세계 기록일 텐데도), 실망했다. 그들은 모든 분야에서 기대 이상이라는 평가를 원하기 때문이고 바로 그것이 그들이 성취도가 높은 이유이다. 자신보다 더 많은 WOW를 받은 사람이 없다 해도 그들의 실망감은 달라질 게 없다. 최고의 교사는 자신과 동료를 비교하지 않는다. 그들은 항상 자신을 완벽과 비교한다. 그들은 모든 일에 뛰어나고자 한다. 좋은 평가를 받을수록 그들은 더 많은 것을 하려고 노력한다. 높은 성취도를 보이는 사람들은 긍정적인 인정을 통해 더욱 성장한다. 그보다 덜한 평가는 기를 꺾는다.

훌륭한 교사가 번아웃되지 않도록

내 친구 한 명은 "자신이 소진되었다고 말하는 교사는 아마도 애당초 불이 붙은 적도 없는 사람일 거야."라고 말하곤 했다. 그럴 수도 있지만, 우리는 교장으로서 성취도가 높은 사람들이 학교로부터 혹은 그들 스스로 얼마나 많은 요구에 직면하는지 이해해야 한다.

자원봉사 요청이 있으면 훌륭한 교사들의 손이 먼저 올라간다. 뭔가 제대로 된 일을 해야 한다면 교장은 그들에게 먼저 요청하게 된다. 교장은 누구나 이 유혹에 직면한다. 하지만 우리는 성취도가 높은 교사를 보호해야 한다. 교장 스스로도 자제해야 하지만 매사에 열심인 그들의 성향으로 인해 번아웃되지 않도록 보호해야 한다.

위임은 교장에게 어려운 문제다. 교장은 할 일은 많은데 시간이 부족하다. 일과 에너지 사이의 균형을 맞추기 위해 늘 고군분투하다 보면 자연히 가장 뛰어난 교직원에게 먼저 눈길이 간다. 그들은 스스로 나서고, 제시간에 일을 해내기 때문이다. 교육청 보고 공문이든 가정통신문이든, 교육지원청의 요구든 그들은 항상 준비되어 있고, 의지를 보이고, 무엇보다도 능력이 있다. 하지만 그들의 시간과 에너지에도 한계는 있다.

위임에 있어 교장이 지켜야 할 규칙은 매우 간단하다. 우리는 다른 교직원이 할 수 있는 일은 무엇이든 그들에게 위임해야 한다. 행정실이 할 수 있다면 위임하고, 업무 전담사가 처리할 수 있다면 전달하자. 우리에게는 이미 교장만이 할 수 있는 일이 너무 많기 때문이다.

교장은 가장 높은 성취도를 보이는 최고의 교사에게도 같은 규칙을 적용해야 한다. 그들에게 다른 사람도 할 수 있는 평이한 일까지 맡기지 말자. 성취도 높은 교사만이 할 수 있는 일이 너무 많기 때문이다. 교직원 회의에서 "친목회장에 자원해 주실 분 있나요?"라는 열린 질문을 던진 적이 있다면 이는 당신의 실수다. 예측대로 대부분의 교사는 고개를 숙인 채 반응하지 않을 것이고 결국 슈퍼스타 교사가 교장을 불쌍히 여겨 앞으로 나서게 된다.

이는 두 가지 불행한 결과를 가져온다. 다른 교직원들은 자신의 역할을 다하지 못하게 되고, 성취도가 높은 교사들은 더 혁신적인 업무에 쏟을 수 있는 시간과 에너지를 낭비하고 만다. 최고의 교사들에게 중요하지 않은 과제를 맡긴다면, 우리는 귀중한 자원을 낭비하는 것이다. 미리 계획을 세워 덜 중요한 일들은 다른 이들에게 시키자. 다른 교직원의 참여도 얻고 성취도가 높은 교사들을 보호할 수 있다. 모두에게 주어진 일상적 의무에서 최고의 교사만 제외시켜 편애하라는 뜻이 아니다. 그 교사들은 편애를 원하지 않는다. 당신이 그들이 나서는 것을 방지하고 싶을 때 미리 그들에게 귀띔해 주라는 의미다. 성취도가 높은 교사들은 스스로 자신에게 압박을 가하는데 그것을 덜어 주자는 뜻이다. 슈퍼스타들을 따로 만나 그들에게 교직원 연말 행사 기획에 자원하지 말라고 해 두자. 혹시나 배제시킨다는 모욕감을 느끼기 전에 그 이유도 말해 두자. 학교의 방향을 이끌 교육과정위원회를 조만간 구성해야 하는데 거기에 참여해 달라고. 이 접근법을 통해 최고의 교사들이 미안한 마음을 느끼지 않도록 하면서 사기를 진작시킬 수 있다. 훌륭한 교장은 전 교직원의 요구에 꾸준히 주의를 기울이지만, 그들은 특히 최고의 교사들의 요구에 민감하다. 성취도가 높은 교사는 자신이 가치 있고 중요하다고 느끼지 않을 때 학교를 떠난다. 불평만 일삼는 무능한 교사들은 오히려 학교를 떠나지 않는다. 그들을 받아 주는 곳이 없기 때문이다. 훌륭한 교사들은 어디서든 성공할 사람들이다. 교장이 그들을 각별히 신경쓰지 않으면, 다른 누군가가 그렇게 할 것이고, 결국 가장 소중한 자원을 빼앗기게 될 것이다.

훌륭한 교장은 성취도가 높은 교사를 이해하고,
그들의 요구에 민감하며,
이 귀중한 자원을 최대한 활용한다.

17

관심과 배려의 매력

● 　　　　　　　　　훌륭한 교장에게는 강한 신념이 있
다. 결정을 내리는 원칙, 좋고 나쁨을 구별하는 시금석, 학교를 위한
비전을 정의해 주는 목표 등이다. 교장으로서 가졌던 소신을 여러분
과 공유하고 싶다. 물론 이러한 소신은 개인적인 것이기 때문에 여러
분 각자가 나름의 소신을 가져야 한다. 그럼에도 나의 개인적인 소신
을 피력하는 이유는 다음의 세 가지 때문이다.

첫째, 나의 소신이 매우 단순한 것임을 알게 해 주기 위해서다. 둘
째, 소신이 분명할수록 일을 잘 해낼 수 있다는 것을 알게 해 주기 위
해서다. 그리고 셋째, 학교에서 우리가 하는 모든 일의 기본이 되어
주는 것이 바로 이 소신이라는 것을 알게 해 주기 위해서다.

관심과 배려는 멋진 것!

나의 소신은 지극히 단순하기도 하고 복잡하기도 하다. 나는 '모든
구성원이 학교의 일에 관심을 두고 서로 배려하기'를 목표로 한다. 모
든 학생, 모든 교사, 모든 직원, 모든 학부모가 서로 관심을 갖고 배
려하며, 그것이 매우 멋진 행동이라고 생각하기를 원한다. 그런데 나

는 이러한 소신을 누구에게도 말해 본 적이 없다. 너무 단순한 것 같아서, 비웃음을 당할 것 같아서, 그리고 이 목표를 입 밖에 꺼내는 순간 이 매력적인 목표가 실현되기도 전에 그저 하나의 구호로 퇴색해 버릴까 두려워서다. 교문에서 피켓을 들고 '담배를 피우지 맙시다!'라고 외치는 것은 변화를 만들어 낼 수도 있고, 그렇지 않을 수도 있다. 그러나 아이들이 어떤 나이가 되면 그 구호가 가치를 잃을 것이 틀림없다. 나의 소중한 신념도 이처럼 퇴색할까 두려워 쉽게 내뱉지 못하곤 한다.

이 책에서 교육의 동향에 대해 종종 언급했다. 어떤 것은 긍정적이며 지속적인 영향을 끼칠 것이고, 지나고 보면 어리석어 보이는 것들도 있을 것이다. 학교나 교육청에서는 나에게 전화해 특정 프로그램을 수행할 수 있도록 도와 달라는 요청을 하곤 한다. 물론 이러한 프로그램들은 앞서 말한 교육계 동향이나 상부의 지시와 관련되어 있다. 나는 교사들에게 특정 임무를 맡기고 이를 해내도록 독려하는 학교의 관리자들에게 그런 것은 큰 의미가 없다고 말해 주고 싶다. 중요한 것은 모든 교사가 스스로 올바른 일을 할 수 있도록 환경을 만들어 주는 것이다. 교사 개개인이 학생과 학교를 위해 최선을 다한다면 학교가 잘못 돌아갈 일은 절대 없다. 교육계의 동향을 살피고 교사들이 이를 실현하도록 격려하는 것도 나쁘지 않다. 하지만 더 중요한 것은 그들이 올바른 일을 할 수 있도록 적절한 환경을 조성하며 배려해 주는 것이다.

훌륭한 교사는 교실에서 학생들을 대상으로 이러한 일을 해내는 능력이 있다. 훌륭한 교사의 학생들은 친구들의 마음을, 수업 분위기를, 교사의 입장을 신경 쓰고 배려한다. 신경 쓰고 배려하는 분위기가 조성되면 모든 것이 가능해진다. 이 책에 기술한 모든 지침은 결국은 이를 위한 것이다. 존중과 배려로 사람을 대하는 것, 항상 긍정적인 자세를 취하는 것, 프로그램이 아니라 사람이 중요함을 아는 것, 가장 훌륭한 사람을 기준으로 결정하는 것 등등 이 모두가 배려하는 분위기를 조성하는 데 도움을 준다. 두 교사의 의견이 서로 일치하지 않아도 학생에게 어느 것이 최선인지 고려해 결정한 것이라면 양쪽 다 옳다.

배려하는 분위기 속에서 만들어진 결정은 절대로 틀릴 수 없다. 남들보다 더 노력하는 사람은 존중을 받는다. 불평은 무의미하며, 배려야말로 열정이다. 우리 학교에서 누가 가장 훌륭한 교사인지 생각해 보라. 그들은 원하면 언제든 새로운 프로그램을 만들 수 있다. 평가 기준이 어떻게 바뀌든 학생들이 그 기준에 도달하도록 만들 수 있을 것이다. 그러나 가장 어렵고도 꼭 해내야 할 도전은 교실에서 일어나는 일에 대해 모든 학생이 신경 쓰고 배려하도록 분위기를 만들어 주는 것이다. 그것을 해낸다면 모든 것이 가능해진다. 그렇게 되기 전에는 어떤 장애물도 정복할 수 없다.

훌륭한 교사란

1장에서 나는 왜 훌륭한 교장의 행동에 주목하게 되었는지 기술한 바 있다. 이러한 관심은 훌륭한 교사는 무엇이 다른지에 대한 연구로 이어졌다. 내가 그 문제에 최초로 관심을 가지게 된 것은 훌륭한 교사인 하 선생 반을 방문했을 때다. 대림이는 하 선생의 책상 앞에 있었다. 거칠고 퉁명스러운데다 문신까지 한 대림이는 다른 학생들에게, 심지어 교사들이나 교장에게 위협이 될 정도로 훈육하기 힘든 아이였다. 대림이는 다른 학생들이 듣든 말든 전혀 의식하지 않고 대뜸 말했다. "선생님, 저 어젯밤에 시 썼어요. 그런데 셋째 연에서 단어 몇 개가 잘 안 떠올라요. 선생님께서 좀 도와주시겠어요?" 나는 놀라서 턱이 빠질 뻔했다.

대림이는 시를 좋아하는 아이가 아니었다. 대림이는 하 선생을 좋아했다. 하 선생은 교실에서 일어나는 모든 일에 관심을 갖고 참여하는 것이 멋진 행동이라는 생각을 아이들이 갖도록 만들었다. 교사의 관심사가 어디로 향하든 학생들은 그 방향에 동참했다. 교육과정의 성취기준이 바뀌었을 때, 나는 하 선생 반에 관한 한 전혀 걱정하지 않았다. 그는 학생들이 교육과정의 모든 이슈에 관심을 두도록 만들었다. 그러면서도 커다란 목적을 잃지 않았다. 하 선생은 학생들에게 학력평가를 준비하게 한 것이 아니라, 저들의 인생을 준비하게 했다. 이것이 바로 교육이다. 다른 사람과 잘 지내며, 모두를 존중하고, 최선을 다하는 것, 그것은 바로 하 선생 자신이었다. 하 선생은 '관심을 두고 배려하기의 매력'을 실천하는 분이었다.

메리 크리스마스

중학교 교장으로 재직할 때 1년간 다른 학교와 자매결연을 하기로 했다. 자매학교는 중중 장애를 포함하여 다양한 장애가 있는 어린이들이 있는 유치원으로 결정했다. 나는 우리 학생들이 매우 자랑스러웠다. 어린아이들과 펜팔 친구가 되었으며, 생일날 카드도 보내고 매달 주제별로 파티도 열었다. 크리스마스가 다가오자 학생들은 자매학교 학생들에게 특별한 것을 해 주기로 했다. 유치원생들에게 우리 학교 로고가 새겨진 모자나 장갑, 스웨터 등을 선물하기 위해 모금을 했다. 학생들은 일주일 동안 매일 조회 시간에 30분씩 알뜰시장을 열자는 아이디어를 냈다. 매일 반마다 돌아가며 행사를 준비했고, 학생들도 갖가지 아이디어를 내놓았다. 고리 던지기, 아이스크림 반값에 팔기, 항아리 속 사탕 숫자 맞히기, 교감 선생님께(내가 아니어서 다행이었음!) 물풍선 던지기 등을 생각해 냈다. 알뜰시장에서 파는 모든 물건은 매우 저렴한 것들이었기에 매일 각 매장에서 1만 원어치를 파는 목표를 세웠다. 알뜰매장은 대성공이었다. 행사에 반대하며 별 도움을 주지 않던 교사의 반에서도 1만 원어치를 팔았다. 돈을 모은 학생들은 장갑, 모자, 학교 스웨터를 샀다. 미술 수업 시간에는 특수학교 학생들을 위한 카드를 만들었다. 가정 수업 때는 과자를 구웠고, 행정실 직원들은 선물 포장을 도왔다.

드디어 크리스마스 당일이 되었다. 각 담임교사는 학생 한 명을 무작위로 선발해 파티를 돕게 했다. (교사들은 '무작위'라는 말이 사실은 '가장 도움이 많이 되는' 학생을 의미한다는 것을 안다.) 밴드가 연주하고, 합창단이 노래했으며, 오케스트라도 공연하고, 연극반 학생들은 촌극을 했다. 나는 한 학생에게 나의 산타클로스 복장을 입혀 성 니콜라스 역을 맡게 했다. 우리는 그날을 동영상으로 남겼다. 중증 장애 학생들을 산타의 무릎이나 산타 주변에 앉게 했다. 산타는 음악을 즐기며 편안하게, 그리고 아무런 거리낌 없이 특수학교 학생들을 안아 주었다. 어린아이들을 즐겁게 해 주려고 선물을 개봉하는 학생들, 이 모든 것이 특별한 의미를 지닌 행사였다.

이틀 뒤 학교 전체 조회 때, 우리는 커다란 스크린 TV 7개를 설치해 크리스마스 영상을 상영했다. 우리가 어린아이들 삶에 가져다준 사랑과 기쁨을 모든 사람이 보게 되었다. 그들은 장애 어린이들이 신기한 눈으로 산타를 쳐다보는 표정을 보았다. 고도 장애 어린이들이 반 친구들을 끌어안는 광경을 본 학생들은 눈물을 흘렸다. 상영이 끝날 때 강당에서 눈물을 흘리지 않는 사람은 없었다. 이게 바로 중학생들이다!

상영이 끝난 후 무대의 커튼이 열렸다. 우리에게 아주 특별한 특수학교 아이들이 거기 서 있었다. 우리 학교의 이름과 로고가 박힌 스웨터를 입고 우리에게 캐럴을 불러 주었다. 강당 안에 있던 사람들은 그 장면을 평생 잊을 수가 없으리라. 그게 바로 학교다.

그 주에는 학생들 사이에 싸움이 없었다. 아무도 교장실에 불려 오지 않았다. 장애 학생 누구도 놀림을 당하지 않았다. 그 행사가 학생들에게 끼친 영향은 실로 극적이었다. 훨씬 더 의미심장한 효과는 소극적이던 교직원들에게 나타났다. 이후 학교에서 행사가 벌어지면, 교사들은 하나가 되어 기꺼이 소매를 걷어붙이고 적극적으로 참여했다. 이렇듯 '관심과 배려의 매력'에 한번 빠져들면 이루지 못할 것이 없다.

마음을 얻어라

교장은 학교의 변화를 시도할 때, 교사들을 설득할 수 있는 논리를 제시하기 위해 많은 시간과 에너지를 쏟아붓는다. 하지만 충분한 논리를 제시한다고 해도 변화에 저항하는 부류는 끝내 움직이지 않을 것이다. 논리보다 중요한 것은 감정이라는 사실을 깨달아야 한다. 변화를 가로막는 장애물은 두려움, 특히 미지의 것에 대한 두려움인 경우가 많다. 결국 이 장애를 극복할 수 있는 것은 우리의 마음이다.

비행기를 타는 것을 두려워하는 사람들이 있다. 비행기 사고 확률이 자동차 사고의 확률보다 낮다는 사실은 인정하면서도 비행에 대한 두려움을 떨치지 못한다. 자신이 왜 비행기를 타고 싶지 않은지 논리적인 이유는 대지 못한다. 그저 두려워할 뿐이다. 그러나 긴급 상황이 생겨 멀리 떨어진 가족에게 빨리 가야 한다면 즉시 비행기에 오른다. 그들의 감정이 자신의 비합리적인 두려움을 극복하는 것이다.

학생들에게 다가갈 때도 같은 방법을 쓸 수 있다. 교사가 학생을 세심하게 배려할수록 학생에게 가까이 다가갈 기회가 늘어난다. 우리는 교사가 어떻게 해야 학생들에게 관심과 존경을 받을 수 있는지 설명할 수 있다. 그러나 그 이유를 안다고 모든 학생을 잘 이끌 수 있는 것은 아니다. 학생들과 감정적으로 통해야 그들의 마음을 얻을 수 있다. 하지만 모든 학생을 세심하게 배려하고 교감하고 다가가는 것은 애초에 불가능하다고 말하는 교사들이 있다. 이들의 마음은 어떻게 바꿀 수 있을까?

나는 12장에서 신념보다 행동의 변화가 중요하다고 강조했다. 이 주장을 뒤집을 생각은 없지만 훌륭한 교장은 행동의 변화뿐 아니라 신념의 변화에도 노력을 기울인다. 그들은 행동과 신념 모두 감정과 밀접히 연관되어 있으며, 감정을 움직여야 변화가 촉발된다는 사실을 안다.

예를 들어 보자. 내가 중학교(사춘기 학생들이 가득한) 교장일 때, 교사들의 분위기가 그리 긍정적이지 않았다. 학생들을 관심 있게 지켜보지 않는 교사들도 더러 있었는데 이런 분위기가 교실 전반에, 학생들을 다루는 태도에 그대로 묻어났다. 특히 표정이나 행동이 교사들의 입맛에 맞지 않는 학생들에게 이런 태도가 영향을 끼쳤다.

내가 할 수 있는 단 한 가지는 교사들의 감정에 호소해 보는 것이었다. 어느 유능한 상담교사의 도움으로 한해 전에 그 학교에 다녔지만 학교생활을 그리 성공적으로 이어 가지는 못했던 몇몇 졸업생들을 모았다. 학업이나 출결에는 심각한 문제가 없었지만 다만 별다른 특징이 없어 교사들의 관심 밖에 머물러야 했고, 학교 일에도 거의 참여하지 않는 그런 학생들이었다.

6명의 학생이 교직원 회의에 토론자로 참석하는 데 동의했다. 그들에게 사전 교육을 했는데, 오직 솔직하게 말해 달라는 것이었다.

토론은 믿을 수 없을 만큼 감동적이었다. 토론이 시작되자 학생들은 교사들이 자기들을 좋아하지 않는다고 말했다. 자기들을 배려해 주는 교사는 아무도 없으며 이름을 아는 교사도 거의 없을 거라고 말했다. 상당히 슬픈 일이었다. 그때 가장 냉정한 교사가 이렇게 말했다. "너희들이 숙제를 잘했더라면 더 나아졌겠지. 더 노력했더라면 더 성공했을 테고. 더 열심히 공부했더라면 낙제도 하지 않았을 거고."

그러자 매우 중요한 일이 발생했다. 아무도 그 교사에게 동의하지 않았다. 아무도 이제는 대화에 끼어들지 않았지만 나는 다른 교사들이 의자를 약간씩 옮겨 그 교사에게서 떨어져 앉는 것을 감지했다. 지금까지 부정적인 집단의 리더였던 그 교사는 마침내 고립무원의 처지에 빠졌다. 그에게 맞서는 교사는 없었지만 나는 뿌듯했다. 아무도 그에게 동조하거나 웃어 주지 않았다.

훌륭한 교장은 관심과 배려의 중요성을 안다.

신념과 행동이 감정에 연결되어 있으며,

감정을 움직여야 변화도 시작된다는 사실을 이해한다.

18

항상 교정하라

● 5장에서 나는 존중하는 마음으로 사람을 대하는 것에 대해 말했다. 이것은 우리 모두가 반드시 지향해야 하는 기본 덕목이다. 우리 주변에는 때로 감정의 화산을 폭발시키는 이들이 있다. 하지만 교사가 불끈 화를 내면 결코 치유될 수 없는 상처를 남기게 된다.

교장이 리더로서 부적절한 행동을 할 경우 그 상처는 상상하기 힘들 만큼 심각할 것이다. 교장이 인내심을 잃고 전문가답지 않게 행동하는 것은 활을 쏘는 것이나 다름없다. 과녁에 꽂힌 활이야 뽑아 내면 되지만, 과녁의 상처는 어찌할 것인가? 사람들은 겉으로는 여전히 예의를 갖출지 모른다. 그러나 결국 그들은 어떤 선택을 하게 될까? 특히 다시 상처받게 될까 두려워한다면? 관계는 결코 예전 같지 않을 것이다. 훌륭한 교장은 이 점을 이해하며 매일 존중하는 마음으로 사람들을 대하려 애쓴다. 사람의 관계란 한번 손상되면 결코 예전으로 돌아갈 수 없다. 교장이든 교사든 훌륭한 교육자는 말 한마디, 행동 하나하나에 세심한 주의를 기울인다. 그들은 감정에 상처를 내지 않으려고 애쓴다. 가장 유능한 교장은 여기서 한 발 더 나아간다.

고칠 필요 없어도 늘 고쳐 나가는 교장

훌륭한 교사는 좀처럼 학생에게 상처가 되는 행동을 하지 않는다. 그들은 날카로운 지적이나 꼼짝 못 할 반박을 하지 않는다. 친구들 앞에서 학생을 몰아세우거나 당혹스럽게 하지 않는다. 오히려 그 반대다. 최고의 교사는 학생을 끊임없이 칭찬한다. 이들은 감정 조절에 관한 한 교실에서 더 이상 잘 해낼 수 없는 수준이지만, 만약의 경우를 대비해 항상 조심하며 고쳐 나간다.

가장 열정적인 교사들을 한번 상상해 보자. 그들은 월요일에 실수한 일이 있다면, 화요일 오전 수업을 이러한 사과로 시작한다. "여러분, 내가 어제 다소 성급하게 행동한 것 같아요. 사과할게요. 컨디션이 좋지 않았고 시간에 쫓겨서 그랬어요. 그 때문에 혹시 퉁명스럽게 했다면 미안해요." 학생들은 어리둥절한 표정을 지을 것이다. 그들은 어제 수업이 괜찮았고, 실제로 어제 여섯 시간의 수업 중 최고였다고 생각하기 때문이다. 이는 교사의 놀라운 세심함과 학생들과 쌓아 온 믿음의 수준이 어떠한지를 단적으로 보여 주는 예이다. 앞서 보았듯이 최고의 교사는 다른 사람에게 높은 기대를 하지만, 스스로에게는 훨씬 더 높은 기대를 한다.

훌륭한 교장도 대인관계를 원만하게 유지하려고 최선을 다한다.

그리고 그러한 사실을 교사들도 인지하고 있다. 230명 이상의 교장을 대상으로 한 연구에서 나는 더 유능한 교장이 교사의 강점을 예민하게 인식하고 개별 교직원의 개발, 필요, 욕구를 지원한다고 결론지었다(Whitaker, 1997). 게다가 교장들은 학교 바깥에서 교직원들이 잘 지내는지에도 관심을 가졌고, 그들의 가족, 사생활, 외부 관심사에 대해 많은 정보를 가지고 있었다.

이러한 섬세함 덕분에 유능한 교장은 교사들에게 상처 주는 일을 피하고, 혹시 있을지 모르는 상처도 신속하게 치유할 수 있다. 교직원 회의 후, 최고의 교장이라면 어느 교사를 찾아가 이렇게 말할 것이다. "미안해요. 회의에서 선생님 말을 끊고 다른 주제로 넘어갔던 것 같아요. 혹시 더 하고 싶은 말씀은 없는지요?", "선생님을 난처하게 만든 건 아닌지 모르겠네요. 조금 더 신중하게 말했어야 했는데 죄송합니다."

대부분의 경우, 교사들은 놀라는 기색을 보인다. 그들은 교장이 그 사안을 잘 처리했다고 생각하기 때문이다. 그들은 교장의 논평이나 말투에 조금도 화가 난 적이 없었고 교장의 노력에 더욱 감동하게 된다. 설령 교장의 언행이 그들에게 상처를 입혔더라도 관계를 회복하려는 노력은 성과를 거둔 셈이다.

교정할 필요가 있는데도 안 하는 교장

미숙한 교사를 생각해 보자. 가장 적대적인 사람들을 상상하라. 틀에 박힌 사고방식, 몸짓, 어조를 떠올려 보자. 기분이 언짢을 때 그들이 학생을 대하는 태도는 어떠한가? 그들이 어떻게 학생의 감정과 자존심을 상하게 하는지 생각해 보라. (여러분을 언짢게 해서 미안하지만 우리는 특정한 사람을 염두에 둘 필요가 있다.) 현재 그들이 다른 사람을 대하는 방식은 어떠한가? 학생이든 동료든 누군가의 감정에 상처를 입히는가? 그런데 그들이 누군가를 교정할 능력이 있을까? 불행하게도 여러분은 해답을 알고 있다. 학생들이나 교사들 또한 모두 알고 있다. 이 사실을 모르는 사람은 남에게 상처를 주는 그 사람뿐이다.

의도적이든 아니든 이런 부류는 일상에서 다른 사람을 공격하고 모욕한다. 그들이 내세우는 이유는 그들이 취한 행동만큼 중대하지 않다. 면전에서 모욕을 당한 사람들에게는 더욱 그렇다. 그러나 이런 사람들은 교정할 필요를 느끼지 못할 뿐 아니라 교정하려고 애쓰지도 않는다.

여기에는 두 가지 시사점이 있다. 첫째, 우리는 그들이 자신의 처신이 잘못되었음을 인정하거나 사과하는 데 초점을 맞출 것이 아니라, 그들이 원만한 대인관계를 형성하는 기술을 습득하도록 돕는 데 시간과 노력을 투자해야 한다. 그래서 그들이 교정할 상황을 만들 필요가 없게 해야 한다. 그렇지 않으면 그들은 끊임없이 이런 문제로 우리의 골머리를 앓게 할 것이다.

둘째, 그러나 우리는 그들이 교정할 수 있도록 도와야 한다. 이 경우 초점은 '사과'이다. 무엇이 그들에게 사과를 주저하도록 만드는 것일까? 일반적으로 자신감이 부족하거나 혹은 자존감이 강한 탓이다. (이 둘은 동전의 양면과 같다.) 이 문제를 직접적으로 해결하기는 어려울 수도 있다. 하지만 그들이 사과하게 하는 방법을 찾아낼 수 있다면, 그들의 신념은 바꾸지 못할지라도 적어도 행동만은 바꿀 수 있다. 한 가지 방법을 살펴보자.

"미안하다", "유감이다"라고 말하는 센스

《까칠한 학부모 대하기 *Dealing With Difficult Parents*》라는 책에서 나는 교육자가 공격적인 학부모를 진정시키기 위해 사용할 수 있는 방법을 기술했다. 자세한 상황이 어떠하든 교육자는 "일이 그렇게 되어서 유감입니다."라고 부모에게 말할 수 있어야 한다. 그리고 놀라운 것은 정말로 그 일이 그렇게 되어서 유감스럽다는 사실이다. 원인이 무엇이든 잔뜩 흥분한 부모를 대할 때마다 나는 진심으로 일이 그렇게 된 것을 유감으로 생각한다.

그것이 나의 잘못이라거나 비난받아 마땅하다거나 비난을 온통 떠안겠다는 것이 아니라, 단지 일이 그렇게 되어서 유감이라고 말하는 것뿐이다. 부모가 공격적일수록 더더욱 그렇게 말한다. 그러고는 나 자신에게 속으로 이렇게 덧붙인다. '일이 그렇게 되어서 정말 유감이에요. 그 일만 없었다면 내가 이 바쁜 시간에 당신과 이러고 있을 필요는 없을 테니까요!' 물론 이런 속마음을 상대방에게 들키는 것은 곤란하다. 우리는 항상 전문가적인 태도를 유지해야 한다. 어쨌든 '미안하다고 말하는 센스'는 단순하지만 아주 강력하게 듣는 사람을 진정시키는 기술이다.

물론 이는 학부모에게 한정된 것은 아니다. 좋지 않은 소식을 들었을 때도 나는 일이 그렇게 되어서 유감이라고 진정 느낀다. 동료의 청원서가 각하되거나 아이가 넘어져서 무릎이 까졌을 경우도 마찬가지다. 다시 말하지만 상대방을 속이려는 것이 아니라 진심으로 유감스러우니 유감이라고 말하는 것이다.

이 책을 읽는 교장이 사과의 법칙을 이미 잘 알고 능숙하게 사용하고 있을지도 모른다. 하지만 정말 중요한 것은 본인 스스로 이 기술을 개발하고 실천하는 것이 아니라 교사들에게 이를 가르쳐 주는 것이다. 교사가 이를 능숙하게 사용하면 교장이 해야 할 일이 훨씬 줄어들게 된다. 특히 가장 부정적인 교사가 이 기술을 섭렵하게 되면 교장과 학교에는 물론이고 그들 자신에게도 매우 도움이 된다.

그래서 어떤 학부모가 우리를 몰아붙이려 한다면, 우리는 상황이 어떠하든 전문가답게 그리고 동정 어린 마음으로 "일이 그렇게 되어 유감입니다."라는 말부터 시작하면 된다. 쉽게 생각을 공유할 수 없는 동료와도 우리는 더더욱 진솔한 대화를 나눌 수 있다. 만약 스스로에게 속으로 '정말 유감이에요. 그 일만 없었다면 내가 이 바쁜 시간에 당신과 이러고 있을 필요는 없을 테니까요!'라는 말을 덧붙여야 한다 해도 괜찮다. 어쨌든 교사가 학부모를 좋아할 필요까지는 없다. 그런 양 행동만 하면 된다. 속으로 이렇게 말해 볼 수도 있다. '솔직히 같은 교육청 관내에 사는 것이 유감이네요!' 이러한 감정은 누구나 수시로 가질 수 있는 것이다.

물론 우리는 전문가다운 태도를 유지해야 한다. 비아냥거리는 어조나 몸짓으로 품위를 떨어뜨려서는 안 된다. 하지만 마음속으로는 어떻게 하든 무슨 상관이 있겠는가. 어쨌든 부정적인 교사들에게 바라는 건 그들의 행동 변화다. 그들이 이기적인 이유로 변하더라도 그건 중요하지 않다. 중요한 것은 '왜'가 아니라 그들이 과연 행동을 변화시켰는가 하는 것이다. 교장으로 재직할 때 나는 교직원들이 이 기술을 발전시키고 연마하게 하려고 노력했다. 물론 이 기술을 학생들에게도 가르칠 수 있다면 훨씬 더 많은 이득을 볼 수 있을 것이다.

사과의 기술

성공적인 전문가가 되는 데 필요한 주요 기술들을 알아보았다. 교육자로서 우리는 학생들도 이러한 기술을 습득할 수 있도록 도와야 한다. 이미 어느 정도 습득한 학생도 있지만, 대다수는 그럴 기회조차 가져 보지 못했다. 매일 사과의 기술을 사용하는 교사는 그들에게 중요한 역할 모델이 될 수 있다. 하지만 역할 모델에 그치지 말고, 적극적으로 가르칠 필요가 있다.

교장 재직 시 사과의 기술을 가르칠 기회가 여러 번 있었다. 교사에게 삐딱하고 시비조로 말해 교장실에 보내진 학생의 경우를 보자. 훈육은 처벌이 아니라 예방에 중점을 두어야 한다. 이미 발생한 사건은 어찌할 방법이 없다. 우리가 할 수 있는 건 재발 방지다. 그러려면 학생들에게 현재 상황을 개선하려고 노력하는 기회를 줘야 한다. 어떻게 행동해야 자신들에게 이익이 되는지를 배우게 하는 기회이기도 하다.

이러한 상황에 처했다면 어떻게 할 것인가?

한 아이가 수업 시간에 교장실로 보내졌다. 아이에게 물었다. "무슨 일로 왔니?" 교사에게 대들었다는 이유로 이곳으로 오게 됐단다. 아이가 써 온 경위서를 보니 상황이 대충 짐작이 간다. "선생님이 화나셨니?" 아이는 당연하다는 듯 말한다. "네, 정말 화나셨어요." 이때 고속도로 순찰대를 만난 이야기가 생각나서 들려줬다.

"선생님을 만나 뵙고 말씀을 듣고 난 다음 너에 대한 조치를 결정할 거야!"라고 말해 준다. (이는 학교에서 관례가 되어야 하는 건강한 관행이다. 교사들에게 교장에게 지원을 받고 있다는 느낌을 줄 수 있는 부분이다.) "나는 점심 시간이 되어야 선생님을 뵐 수 있을 것 같아. 그리고 내가 너라면 수업 종 치자마자 선생님 교실로 달려가 우선 사과드릴 것 같아. (이때 어떻게 말해야 하는지 자세히 알려 준다.) 선생님, 죄송합니다. 제가…… 이런 식으로 말이야."

아이가 해야 할 말을 일일이 알려 주는 이유는 아이가 무슨 말을 해야 할지 모를 수 있기 때문이다. 어떻게 해야 하는지 가르쳐 주지도 않고 무언가를 하라고 말하는 것은 어불성설이다. 그래서 어떻게 말해야 하는지 가르쳐 주어야 한다. 한 가지 중요한 것이 더 남아 있다. 그렇게 사과하는 것이 아이 자신에게 이익이라는 것을 깨닫게 해 주면 된다.

　나는 대화를 이어 나갔다. "교장을 위해 선생님께 사과하라는 게 아니야. 선생님을 위해 사과할 필요는 더더욱 없고. 전적으로 네 선택에 달렸어. 하지만 내가 너라면 너 자신을 위해서 그렇게 할 것 같구나." "저를 위해서요?" "그래, 너 자신을 위해서."

　이제 고속도로 순찰대 이야기가 등장할 시간이다.

　"내가 고속도로에서 운전하고 있는데 경찰이 나를 불러 세웠어. 경찰관이 내 차로 걸어오는 동안 나는 딱 한 가지 목표를 세웠어. 무슨 목표일까?"

　"딱지를 떼이지 않는 것이요."

　"그렇지. 내가 선택할 방법은 두 가지가 있어. 상냥하게 할 수도, 무례하게 할 수도 있는 거지. 딱지를 떼이지 않으려면 어떤 선택을 해야 할까?"

　"고분고분해야죠."

　"그게 나한테 이익이 되기 때문이라는 걸 알지? 내가 예의를 갖추는 이유는 국세청에 도움이 되는 일도, 고속도로 순찰대에 도움이 되는 일도 아니지. 위반 딱지를 떼이지 않을 가능성이 커지면 결국 내게 좋은 일이거든. 내가 너라면 종이 치자마자 선생님께 가서 이렇게 말할 거야."(확실히 해 두기 위해 아이가 할 말을 다시 한번 이야기해 준다.)

"선생님께서 화가 났다고 했지?"

"네, 진짜로 화나셨어요."

"음……, 선생님을 다시 화나게 하고 싶다면 이렇게 말하면 돼. '교장 선생님께서 시켜서 사과하는 거예요.'라고. 이제 너 원하는 대로 하렴. 나라면 종이 치면 바로 가서 사과할 텐데."

아이의 행동을 그 반 전체가 보았기 때문에 선도 처분을 별도로 해야 할 수도 있다. 그러나 "네가 선생님께 사과하면 큰 벌은 못 주겠구나."라고 말해 줌으로써 사과의 기술을 다시 한번 마음에 새기도록 독려해 줄 수 있다. 그런데 아이가 선생님을 찾아가지 않았다면 어떻게 될까? 그래도 나는 손해 본 것이 없다. 이번에는 효과가 없었지만 언젠가는 효과가 있을 테니까.

이미 사과의 기술을 가지고 있는 학생도 있다. 만약 한 반에 세 명의 아이들이 부적절하게 말하고 있다면, 교사는 "얘들아, 조용히 하자."와 같이 말할 수 있다. 이 사태의 해결 여부는 세 학생의 반응으로 판가름 날 것이다. 학생 중 한 명이 "죄송해요."라고 말하고 조용히 한다. (잘된 사과의 기술이다.) 한 학생은 조용히 고개를 숙인다. 세 번째 아이는 "우리만 말하는 게 아니잖아요!"라고 반격한다. 가장 유능한 교사는 짐짓 그 말을 못 들은 척한다. 그러면 그 말이 사라질 것이다. 다만 아직 그 기술을 갖추지 못한 교사라면, 혹은 하필 교사의 심기가 좋지 않을 때라면 교장실이 개입하는 수준까지 문제가 확대되는 경우가 있다. 이제 교장에게 학생을 가르칠 기회가 온 것이다.

교장이 이 기회를 통해 학생들에게 상황을 악화시키는 대신 상황을 바로잡는 행동을 가르친다면, 교장의 일은 쉬워지고 학생들의 삶은 더 나아질 것이다. 결국 우리 학생들이 어떤 직업을 갖게 되든, 그들은 아마 상사를 상대해야 할 것이다. 고속도로 순찰대와 마주치는 것은 말할 것도 없고, 직장에서 성공 여부가 상사에게 어떻게 대응하느냐에 따라 결정될 수도 있다.

교육자들은 초등학교에서 중고등학교, 그리고 이후에 학생이 겪게 되는 갈등을 해결하는 기술을 소개하고 행동을 강화하는 자료들을 수없이 개발해 왔다. 훌륭한 교사는 교실에서 일어나는 훈육 문제를 해결하는 것뿐 아니라 졸업한 학생이 일터에서 성공할 수 있는 준비까지 시켜 준다. 이렇게 해서 한층 더 평화로운 세상을 만드는 데 이바지하는 것이다.

훌륭한 교장은 사람들과 좋은 관계를 유지하기 위해 언제나 노력한다. 개인적인 상처를 주지 않으려 애쓰고, 상처가 생긴 경우 이를 치유하기 위해 언제나 스스로 교정한다.

19

부정적이고 무능한
교사 다루기

●　　　　　　　　　　　　　　교장이 교직원 중 슈퍼스타 교사를
바탕으로 결정을 내리는 것이 얼마나 중요한지 살펴보았다. 훌륭한
교장은 또한 정반대의 교사들을 어떻게 다루어야 하는지도 알아야
한다. 교직원 사이에 부정적인 분위기가 억제되지 않은 채 부글부글
끓도록 내버려두면 교장이 아무리 애를 써도 결국 대부분의 긍정적
인 교사들은 꺾이고 말 것이다. 부정적인 분위기를 다루는 것은 교장
의 업무 중 가장 달갑지 않은 측면일 수 있지만, 그것은 리더십을 좌
우하는 기술이다. 교육계의 끝없는 변화를 따라가려면 역량 있는 교
장은 혁신을 위해 이런 장애물을 해결해야 한다는 것을 알고 있다. 교
장이 부정적인 교직원에 대해 조치를 취하지 않으면 누가 할 수 있을
것인가.

이런 교사는 어디 가나 있기 마련

나는 까칠한 교직원을 대하는 방법에 대한 강의를 자주 한다. 강의
는 참가자들에게 학교에서 '썩 좋지는 않은 교직원들'의 이름 첫 글자
를 적어 보라고 하는 것으로 시작한다. 즉, 부정적인 직원, 수업을 잘

하지 못하는 교사, 심지어 매우 비열한 교사들까지. 교직원이 100명 정도라면 보통 두세 명, 종종 그 이상을 적는다. 없다고 말하는 사람은 매우 드물다. 우리가 '썩 좋지는 않은'을 '더 나은 인력으로 대체 가능한 사람'으로 정의하면 특히 그렇다. 교장이 점점 더 채용을 잘할수록 채용 기준도 높아져서, 결국 대체 가능한 교직원의 명단은 절대 사라지지 않는다. 경험상 자기 학교에는 약점이 있는 직원이 없다고 주장하는 교장은 그들을 일찌감치 포기해 버렸을 가능성이 높다. 불행하게도 그러한 접근법은 우리 학생들에게도 또한 자신의 일을 잘하는 모든 교사들에게도 불공평하다.

최고의 교사는 이미 알고 있다

슈퍼스타 교사들은 학교에 거의 또는 전혀 기여하지 않는 교직원이 있다는 걸 잘 알고 있다. 그들은 이들 중에는 열정과 헌신이 적을 뿐 아니라 다른 사람들보다 그저 능력이 떨어지는 사람도 있음을 인식하고 있다. 슈퍼스타는 다른 이들이 학교에서 자신과 같은 양의 업무를 수행하리라고 기대하지 않는다.

역량이 부족한 교직원 세 명에게 수학과 교육과정을 다시 쓰라고 하는 것은 역효과가 나겠지만, 교직원 친목모임을 맡게 하는 것은 무난한 일이다. 게으름을 피우는 이들은 공적 업무를 수반하는 책임을 요구하면 큰 압박을 느끼며 어찌할 바를 모른다. 하지만 자신들의 노력과 결과가 쉽게 눈에 띄는 일이라면 기대에 부응하게 된다.

최고의 교사들은 동료들이 모두 훌륭하다고 절대 말하지 않을 것이다. 그들은 거짓말을 좋아하지 않기 때문이다. 그들은 학교에 훌륭한 교사가 많다고 말하겠지만, 그것과는 매우 다른 것이다. 반면에 역량이 부족한 교사들은 그들 학교의 모든 교사들이 훌륭하다고 기꺼이 주장한다. 그들 또한 그 안에 포함되고, 그래서 군중 속에 숨어 버릴 수 있기 때문이다. 모든 교장은 자기 학교의 유능한 교사와 무능한 교사들 사이에 엄청난 차이가 있음을 알고 있으며, 훌륭한 교장은 이 격차를 책임감 있게 다룰 줄 안다.

교장은 기적을 행하는 사람이 아니다

이 학교에 새로 부임했거나 이제 겨우 몇 년 교장으로 있었다고 치자. 최고의 교사들은 부정적인 동료들을 몇 년, 공립의 경우 4, 5년, 사립의 경우 심지어 10년이나 20년 동안 참아 왔을지도 모른다.

교장뿐 아니라 그들도 누군가를 '올해의 스승'으로 변모시키는 것이 하루아침에 이루어질 수 없다는 것을 잘 알고 있다. 그들은 또한 이 부정적인 교사들이 학교의 가장 중요한 목표를 향해 나아가는 것을 방해해서는 안 된다는 것을 인식하고 있다. 헌신적이고 배려하는 교직원들은 교장이 기적을 일으키길 바라지는 않지만 노력해 주길 기대한다. 교장이 교직원 간 격차를 해소하려는 의지가 없는 것처럼 보이면 이들은 극도의 좌절감을 느낄 수 있다.

아이처럼 행동하는 어른들

《훌륭한 교사는 무엇이 다른가》에는 내가 교사 연수에 참여하여 강연 중일 때 어느 교사가 질문을 던진 일화가 담겨 있다. 그는 내가 강연하는 동안 시험 문제 채점이나 신문을 읽어도 되느냐 물었고, 나는 "저는 전혀 상관없습니다. 선생님이 수업하는 동안 학생들이 수업을 안 듣고 다른 짓을 해도 상관없다면요."라고 답했다.

많은 교장들이 그 말이 얼마나 큰 차이를 만들어 냈는지 말해 주었다. 그 챕터를 읽은 후 교사들이 교직원 회의 시간에 엄청나게 집중한다고 한다. 그것은 확실히 좋은 결과다. 하지만 나는 여기에서 전문가답지 못한 행동이 발생하는 중요한 이유에 대해 이야기해 보고자 한다.

발표자로서 나는 청중을 사로잡아야 할 책임감을 느낀다. 내 말을 진지하게 들어 주고 전폭적인 관심을 바라지만, 그들의 관심을 얻고 유지하는 것은 전적으로 내 책임이다. 청중의 관심이 부족하다고 느낀다면 접근 방식을 바꿔야 한다.

교직원 회의에서 교사들이 주의 산만한 모습을 보인다면 나는 교장으로서 자신을 돌아본다. 훌륭한 교사들 역시 학생들이 수업에 흥미를 보이지 않는다면 즉각 알아차리고 가르치는 방법을 변경한다. (무능한 교사들은 아무도 수업에 집중하지 않아도 기존 방식을 고수한다.)

물론 누구든 산만한 분위기가 수업이나 강연에 방해가 된다고 느끼면 그대로 두진 않을 것이다. 그러나 훌륭한 교장이 이런 부적절한 행동을 용납하지 않는 진짜 이유는, 최고의 교사들이 불편해지는 상황을 막고자 하는 마음에서 비롯된다.

새 학년 맞이 교직원 행사에서

내가 교장으로 재직했던 학교 중에는 새 학년이 시작되고 새로운 학생들이 입학하기 전에 교직원을 위한 행사를 여는 곳들이 있었다. 어쩌면 1년 중 모든 교직원이 한자리에 모이게 되는 유일한 시간이기도 하다. 열정이 절정에 달한 연초에는 이런 행사가 보통 즐겁고 활력이 넘친다. 하지만 우리가 원하는 만큼 모두가 적극적으로 참여하는 것은 아니다. 수년 전에 나는 그 이유와 그럴 때 무엇을 해야 하는지 알게 되었다.

어느 해, 모든 교직원이 행사에 참여하긴 했지만 강당 뒷자리에 앉아 휴대폰만 응시하거나 수다를 지속하는 교사들이 눈에 띄었다.

교장으로서 교직원이 교육감이나 다른 행정기관 대표들, 어쩌면 학교 운영위원들 앞에서 그런 행동을 한다면 참 당황스러울 것 같았다. 행사를 축하해 주기 위해 학교를 찾은 방문객들이 과연 이들의 모습을 보면 어떻게 생각할까? 뒷자리에 앉은 그들은 평소에도 얼마나 자주 그런 비전문가적인 행동을 했을까?

하지만 정말로 나의 관심을 끈 것은 산만한 태도를 보이는 이들 근처에 앉아 있는 훌륭한 교사들의 표정과 몸짓이었다. 분명히 그들은 불편해하고 있었다. 내가 일부의 부정적인 행동에 대해 조치를 취하지 않는다면, 나는 정말로 그 최고의 교사들을 배려하지 않는 것임을 깨달았다. 하지만 전문적으로 대응하지 않으면 최고의 교사들을 오히려 더 불편하게 만들 것 같았다.

교장의 존재를 모든 교사가 느끼도록

그때 내가 취한 조치는 간단하지만 효과적이었다. 나는 강당 뒤편으로 자리를 옮겼다. 교사들 사이에 앉아 있는 것만으로도 그들이 가장 좋은 행동을 할 가능성이 더 높아진다고 본 것이다.

예의 바르고 친절히 행동하되 그 교사들의 행동을 부적절한 것으로 인지하고 있음을 분명히 드러내자. 나는 매년 수십 차례 학교를 방문해 교사들을 대상으로 강연을 하는데, 교장이나 다른 관리자들이 강당 앞쪽에 모여 앉아 있는 것을 보면 항상 놀라곤 한다. 그래서는 뒷자리에서 일어나는 상황을 알 수 없다. 대신 교장의 존재를 모든 교사가 느끼도록 해야 한다. 최고의 교사들이 그들의 부주의한 동료들에 대해 불편함을 느끼도록 방치하지 말자. 그들의 부담과 불편감을 덜어 주자. 동료의 부적절한 행동을 다루는 것은 그들의 몫이 아니다. 교장의 몫이다.

교실 앞에만 서 있는 교사

교사가 대부분의 시간을 교탁 주변에만 머무른다고 생각해 보자. 개학 첫 주, 학생들은 아직 꽤 예의 바르게 행동한다. 모두가 분위기를 파악하느라 조용한 편이다. 하지만 허니문은 길지 않은 법이다.

첫 달이 끝날 무렵, 교실 뒤편에 앉은 학생들이 자신의 위치를 이용하기 시작한다. 5월 연휴가 되면 중간쯤 앉은 학생들까지 흐트러진다. 그리고 9월이 되면, 아무도 수업이나 학급의 일에 적극적으로 참여하지 않는다. 교사는 교탁 뒤에만 머무름으로써 학생들의 관심을 잃었다.

같은 일이 어른들에게도 일어날 수 있다. 개학 첫 주, 모든 교사들은 최선을 다한다. 하지만 만약 교장이 교장실에만 머무르면 몇몇 교사는 이내 게으름을 피우기 시작한다. 만약 교장이 수시로 교사들을 관찰하거나 지원하지 않는다면 5월 중순쯤 되면 많은 교실의 열기가 시들해질 것이다. 그리고 9월이 되면, 믿거나 말거나, 가장 훌륭한 교사들도 더 이상 최선을 다할 필요를 느끼지 못하게 될 것이다.

교실 방문

생각해 보자. 교장이 교실에 들를 경우 어떤 교사들이 가장 기뻐하고 어떤 교사들이 가장 불편해할까? 유능한 교사는 교장이 정기적으로 교실에 들르는 것을 반기는 반면, 그렇지 못한 교사들은 누군가의 방문을 꺼릴 것이다. 교장은 훌륭한 교사를 편안하게, 무능한 교사들을 불편하게 만들어야 한다. '성취도가 높은 교사들'을 편안하게 하려면 교실 방문 후 신중한 피드백을 제공해야 한다. 교실에서 살펴야 할 15가지 체크 리스트가 있다면 최고의 교사가 있는 교실은 단 2분의 방문만으로도 확인을 끝낼 수 있을 것이다. 체크 리스트 자체가 필요 없을지도 모른다. 방문할 때마다 점검하려 들 필요도 없다. 참관의 중요한 목적은 신뢰와 존경의 관계를 구축하는 것이다. 교장이 교실을 자주 방문함으로써 교실 안의 '가구'처럼 느끼게 되어 아무도 신경쓰지 않을 정도가 되게 하는 것도 요령이 될 수 있다.

참 잘했어요

교장은 틀에 박힌 점검표를 활용하기보다는 전문성 향상을 지원하기 위해 보다 비공식적이고 개인적인 접근법을 취할 수 있다. 늦은 오후 구내식당에서 만난 교사에게 말을 걸 수도 있고, 방과 후에 잠시 교실에 들러서 간단한 대화를 나눌 수도 있다. 교장의 눈에 띈 훌륭한 수업 기술 또는 특정 접근 방법을 칭찬하는 짧은 메모나 이메일을 보낼 수도 있다.

기분 나쁘게 여길 수 있는 내용은 서면으로 전달해서는 안 된다. 변화를 요구하는 제안이 수반되는 상황이라면 신중해야 한다. 평소 친한 관계에서조차 이메일은 적절한 뉘앙스를 전달하지 못하는 경우가 많다. 우리는 '건설적인 비판'이 그저 기분 나쁜 비난으로 받아들여질 수 있다는 것을 알고 있다. 한번 손상된 관계는 회복하기 어려움을 명심해야 한다.

효율성을 살피자

아무것도 하지 않는 상태에서 뭔가를 시작하면 극적인 변화가 일어난다. 운동을 전혀 하지 않던 사람이 규칙적인 운동을 시작하면 체력이 크게 향상된다. 하지만 매일 4킬로미터씩 조깅을 하던 사람이 6킬로미터로 늘리면 당장의 체력 변화는 크게 느껴지지 않는다. 매일 어디서 얼마나 빨리 달렸는지 꾸준히 기록하는 것도 막상 큰 도움은 되지 않는다.

교장의 수업 참관 관행도 마찬가지다. 가장 큰 변화는 우리가 처음 비공식적으로 수업 참관을 시작할 때 일어난다. 그런 패턴이 정착되면 매번 피드백 과정을 남기는 관행을 더해도 교사의 수업 능력이 더 이상 향상되지 않을 수 있다. 효율이 떨어지는 단계에서는 시간을 허비하지 말자. 이미 잘하고 있는 이들의 신경을 건드리는 역효과까지 일어날 수 있다.

교장 역할을 대신해 줄 사람은 없다

교장은 역량이 떨어지는 교직원을 보면 그가 언젠가는 잘할 수 있을 것이라고 생각한다. 하지만 그가 언젠가 잘할 수 있을 사람이라면 지금까지 무능한 모습을 보이지도 않았을 것이다. 매사에 부정적인 교사가 주말에 열리는 '훌륭한 교사 되기' 연수에 참석한다 해도 월요일에 그가 다른 모습을 보일 가능성은 없다. 선을 넘는 교직원이 있을 때 당신은 다른 교사가 나서서 이를 저지해 주길 기다릴지도 모른다. 한두 번은 누군가 그를 저지할 수 있을 것이다. 그러나 그 못된 사람은 이내 다른 누군가를 찾아내 괴롭힐 것이다.

학생들 사이의 부적절한 행동을 멈추기 위해 담임교사가 개입해야 하듯이 교장은 학교 안에서 어른들 간의 부정적 측면을 효과적으로 해소해야 한다. 이는 교장이 반드시 해야 할 일이다. 교장은 그들의 행동을 교정하거나, 교정이 불가능하다면 그들이 조직에 꼭 필요한 사람인지 생각해 봐야 한다. 훌륭한 교장은 자신이 보호해야 하는 대상은 어른이 아닌 학생들이라는 사실을 잘 알고 있다.

'회피'는 전략이 될 수 없다

이 장에서는 부정적이고 무능한 교직원을 다루는 방식에 대해 이야기하고 있다. 이번에는 흔하지만 효과가 없는 방식 한 가지를 말해 보려 한다.

나는 이 주제를 가지고 교장 워크숍을 진행할 때 참가자들이 현재 가장 역량이 떨어지는 교직원을 상대하기 위해 어떻게 하고 있는지 물어본다. 매번 가장 흔한 대답은 '회피'다. 그들에게 일을 맡기거나 상호작용하는 것을 피한다는 것이다. 나는 그 접근법이 얼마나 효과가 있었는지 묻는다. 누구도 그 문제가 사라졌다고 설득력 있게 대답한 적이 없다. 확실히 '회피'는 전략이 아니다.

교장이 개입하지 않으면 문제는 사라지지 않는다. 우리는 사전에 예방하기보다 사후에 손상을 복구하는 식으로 일을 하는 경향이 있다. 그러나 이런 방식은 학교 개선에 쏟아야 할 시간과 에너지를 허비하는 것이며 훌륭한 교사들과 학생들에게도 책임을 다하지 못하는 것이다. 나는 존 웨인의 말을 늘 가슴에 새긴다. "용기란, 죽을 만큼 두려워도 결국 말 등에 안장을 얹는 것이다."

부정적이고 무능한 교사가 있을 때 훌륭한 교장은 용기를 내 안장을 얹는다. 이는 언제나 긍정적이고 유능한 교사들의 사기를 보호하기 위해서다. 또한 누구보다 중요한 학생들을 위해서다. 모든 학생과 교사가 긍정적인 환경에서 공부하고 일할 수 있도록 훌륭한 교장은 마음을 단단히 먹고 용기를 낸다.

훌륭한 교장은 유능한 교사와 학생들을 위해
부정적이고 무능한 교사를 개선시키거나 제거한다.

20

학년 초에 기대치 설정하기

● 　　　　　　　　　　교장으로서 가장 흥미롭고도 어려
운 측면 중 하나는 하루하루가 너무 다르다는 것이다. 나는 학년 초
의 기대, 설렘, 열정을 사랑한다. 중간고사, 기말고사, 방학 전후의
시간, 어두운 겨울, 봄의 첫날 등 시기마다 독특한 느낌이 있다. 역동
적인 썰물과 밀물이 있고 좋은 때가 있으면 힘겨울 때도 있다. 학교
는 고유한 주기를 지닌다. 시작과 중간과 끝이 있다. 이렇게 주기적
인 직업은 거의 없다.

학년 초에는 기대와 설렘이 있다. 우리는 모두 긍정적인 에너지로
가득 차서 최선을 다한다. 훌륭한 교장에게 한 해의 시작은 학교의 분
위기를 새로이 할 수 있는 기회다. 같은 건물, 똑같은 사람들이지만
개학은 다 함께 나아갈 수 있는 기회를 제공한다.

아직 패자는 없다

학년 초, 아직 그 누구도 패자가 아니다. 문제를 일으킨 학생도, 성
적 통지표에 낮은 등수를 받은 사람도 아직 없다. 우리에게는 새로운
관계를 형성할 기회가 생긴 것이다. 동계 훈련 중인 모든 프로 야구

팀이 그렇듯 우리도 결승에 진출할 꿈을 꿀 수 있다. 한 해의 시작은 수업과 학급 운영에 대한 기대치를 설정하기 위한 '프라임 타임'이다. 여기서 우리는 가장 유능한 교사들과 가장 무능한 교사 간의 뚜렷한 차이를 발견할 수 있다. 훌륭한 교사들은 학생의 행동에 대한 접근법이 매우 명확한데, 한마디로 요약하면 '예방'이다. 훌륭한 교사는 부적절한 행동이 일어나는 것을 원치 않는다. 학년 초에 뚜렷한 목표를 세우고 일 년 내내 일관되게 추구한다. 예를 들어, 교사는 세 가지 급훈을 정할 수 있다.

1 존경심을 갖자.	1 자신을 존중하자.
2 준비하자. 혹은,	2 남을 존중하자.
3 지각하지 말자.	3 학교를 존중하자.

교사가 특정 결과를 염두에 두고 설정한 규칙일 수 있지만 그것은 중요하지 않다. 학생들이 이러한 기대를 충족할 수 있도록 기대치를 설정한 후 관계를 구축해 가는 것이 핵심이다.

이와 달리, 학급 운영이나 수업 운영이 미숙한 교사의 접근법은 한 단어로 '응징'이다. 무능한 교사는 학생이 잘못된 행동을 한 후에 그 학생을 처벌하려 한다. 아이가 수업에 교과서를 가져오지 않으면, 죄의식을 느끼고 그 결과 더 나은 행동을 선택하기를 원한다. 역량이 부족한 교사들은 학생을 통제하고 그들이 해야 할 일을 계속하게 하는 울타리로서 결과에 초점을 맞춘다. 훌륭한 교사는 학생이 다시 나쁜 행동을 하는 것을 막기를 원한다. 그들은 미래에 집중한다. 미숙한 교사는 잘못된 행동을 한 학생이 과거에 어떤 아이였는지 알고 싶어 한다. 그들은 과거에 집중한다.

교장으로서 우리는 교사들을 지원할 책임이 있다. 교장은 훈육 문제에 있어서 교사의 방법을 지지할 수도 있지만 다른 접근법을 가르칠 수도 있다. 명심해야 할 부분은 교사들은 형식상의 지지보다 심적인 지지를 원한다는 것이다. 또한 우리가 '응징'을 중요시하는 교사의 사고를 바꾸지 않는 한, 그들은 결코 교장의 지지를 받고 있다고 느끼지 못한다. 보복은 아무리 수위를 높여도 만족할 수 없는 감정이기 때문이다.

교장실에서 징계를 받은 후 학생이 어떤 마음으로 교장실을 떠나길 원하는가. 무능한 교사는 학생이 몹시 기분이 상한 채 교장실을 나서길 바란다. 반면에 유능한 교사는 학생이 더 나은 상태로 떠나길 바란다. 교장으로서 나는 교사들이 이 점을 이해할 수 있도록 노력했다. 학생들이 교장실로 불려온 것은 애초에 그들이 화가 난 상태였기 때문이다. 화가 난 학생은 문제 그 자체이지 해결의 결과가 아니다. 우리는 잘못된 행동을 반복하지 않도록 하는 다른 해결책을 찾아야 한다. 징계의 요지는 학생의 기분을 상하게 하는 것이 아니다. 학생이 어떻게 느끼느냐가 아니라 학생이 어떻게 행동하느냐가 핵심이다. 이 같은 접근법은 교사들에게도 적용된다.

교사에 대한 기대치 설정하기

교장마다 강조하는 목표와 기대치가 다르다. 훌륭한 교장은 타협할 수 없는 핵심 가치를 포함하는 기대치를 설정한다. 나의 핵심 가치 중 하나는 교사가 학생을 대하는 매일의 태도에 대한 것이다. 교장으로서, 그리고 여러 교사 그룹에도 활용한 훈련법에 대해 공유하고자 한다.

매년 첫 번째 교직원 회의에서 나는 학생들의 행동 관리에 대해 교사들과 이야기를 나누었다. "교장이 학생들의 행동을 직접 통제할 수는 없습니다. 하지만 선생님들이 학생들의 행동을 잘 관리할 수 있도록 제가 할 수 있는 모든 지원을 하겠습니다." 그리고 나서 교사들에게 다음과 같은 훈련을 제공한다.

"학생이 교실에서 잘못된 행동을 할 때 선생님들은 무엇을 할 수 있나요?"라는 질문으로 시작한다. 교사들이 무심코 해 온 것, 우수 교사가 하는 것뿐 아니라 모든 선택지를 모은다. 어느 교사 그룹에서나 그 목록은 놀라울 정도로 비슷하다. 눈을 마주치고, 다가가고, 지적하고, 교장실로 보내고, 성찰의자에 앉히고, 학생과 논쟁하고, 복도로 내보내고, 소리를 지르고, 무시하고, 다른 학생의 긍정적인 행동을 칭찬하고, 창피를 주고 등등.

그리고 교사들에게 묻는다. "이것 중 언제나 효과적이었던 방법이 있나요?" 당연히 항상 효과가 있는 단일 접근 방식은 없다. 만약 있다면 매번 그것을 사용하지 않았겠는가.

나는 이 선택지들을 교사의 비법 주머니라고 부른다. 그리고 "모든 선생님들이 이 주머니에 같은 비법들을 가지고 있나요?"라고 묻는다. 그러면 모두가 그런 것 같다고 대답한다. 그렇다면 수업을 잘 운영하는 교사와 그렇지 못한 교사의 차이는 무엇일까? 그것은 비법 주머니에 있는 것이 아니다. 변수는 바로 교사들이 얼마나 자주 비법 주머니에 손을 넣느냐다. 훌륭한 교사는 하루에 한두 번 손을 넣는다. 역량이 부족한 교사는 한 시간에도 여러 번 손이 들어간다. 만약 우리가 주머니에 손을 수시로 넣다 보면 종종 잘못된 비법을 뽑을 수도 있을 것이다.

나는 더 나아가 비법 목록에 있는 것 중 세 가지를 언급한다. 소리 지르기, 말다툼하기, 그리고 모욕적으로 비꼬기. 그리고 교사들에게 몇 가지 질문을 한다. "교실에서의 빈정거림은 언제 적절할까요?" 그들은 답을 알고 있다. "전혀 없죠." 일단 그렇게 말하면, "그럼 교실에서 그것을 절대 사용하지 말기로 합시다."라고 당부하자. 이것이 바로 기대 설정이라는 것이다. 이는 무엇보다도 교장의 기대가 아니라 교사 자신들의 기대치이기에 중요하다. 또 질문하자. "교사가 한 주에 몇 번의 말싸움을 할지는 누가 결정하나요?" 대답은 물론 "교사들이죠."이다. 우리는 학생과 말다툼에서 절대 이기지 못한다. 시작하자마자 우리가 지는 것이다. 또래가 보고 있으면 아이들은 양보할 수 없다. 교사도 논쟁에서 이기고 싶은 마음이 들겠지만, 아이들도 절대 물러설 수 없다. (게다가 나는 학생과 교사의 모든 상호작용에서 최소한 한 명은 어른이어야 한다고 생각하며, 그 한 명은 교사였으면 좋겠다.) 우리는 또한 학부모, 교육청, 또는 다른 누구와도 말다툼을 하면 안 된다는 것을 안다. 이것은 포기나 항복과는 상관없는 일이며, 전문가답게 행동하느냐의 문제다.

마지막으로, 소리 지르기를 언급한다. 진정 위급상황이 닥쳤을 때

('염산' 조심해!)가 아니라면, 소리를 질러야 할 일은 없다. 우리가 가장 소리 지르고 싶은 학생들은 이미 너무 많은 소리를 들어서 절대 씨알도 안 먹힌다. 그러므로 학생들에게 소리 지르지 말자."(여기에서도 적어도 한 명은 어른이어야 한다.)

학년 초에 기대치를 설정하는 것이 왜 그렇게 중요한지 알겠는가? 아직 어느 교사도 문제 학생에게 소리를 지르거나 몬스터 학부모와 말다툼하거나 비꼬는 말을 쏘아대지 않았다. 누구도 실패한 적 없다. 학년 초가 아닌 개학 2주 후라면 우리는 새롭고 적절한 미래가 아닌 이전의 행동들을 해명하고 있을 가능성이 높다. 일부 교사들은 "하지만 그 아이가 수업 시간에 어떻게 행동하는지 몰라서 그래요!" 모드로 돌아갈 것이다. 그 순간 우리는 또다시 소모적인 논쟁에 빨려들게 될 것이다.

학년 초에 기대치를 설정해 놓으면 필요할 때마다 참고할 수 있다. 소리 지르고, 말싸움하고, 비꼬는 것이 부적절함을 분명히 해 둔다면, 최소한 이러한 행동에 빠진 교사들은 자신이 잘못하고 있다는 것 정도는 깨닫는다. 사건 발생 이후까지 기다리고만 있으면 교사는 방어적 자세를 취하게 된다. 역량이 부족한 교사일수록 더욱 그럴 것이다.

교장마다 다른 기대치를 설정할 수 있다. 위의 세 가지는 학년 초에 기대치를 세우는 것이 합리적이라는 것을 보여 주기 위해 든 예시다. 연초에 교장이 명확한 기대치를 세우지 않고 교사들이 기대에 부응하기를 기대하는 것은 옳지 않다. 훌륭한 교사는 학년 초에 기대치를 세우고, 훌륭한 교장도 그렇게 한다. 변수는 무엇일까? 기대의 구체적 내용이 아니라 기대가 명확하게 정립되고 미래에 집중하며 일관되게 강조해야 한다는 점이다. 교장이라면 모두 할 수 있고, 훌륭한 교장이라면 이미 하고 있는 일이다.

훌륭한 교장은 학년 초에 확실한 기대치를 설정하고
1년 내내 꾸준히 독려한다.

21

리더십은 이벤트가 아니다

●   교육은 믿을 수 없이 복잡한 분야다. 리더십 역시 믿기 어려울 만큼 복잡하다. 따라서 유능한 교장이 되려고 노력하는 일만큼 어려운 일은 찾기 힘들다. 유동적인 부분이 많기에 교장의 역할은 너무 중요하다. 학부모는 무엇과도 바꿀 수 없는 소중한 자녀를 우리에게 맡기고, 교사들은 학생들과 학교에 마음과 영혼을 바친다.

결국 리더십

일이 잘 풀릴 때는 늘 리더십의 영향이 크다는 것을 명심해야 한다. 일이 잘 안 풀릴 때도 역시 리더십이 중요하다. 학교 발전을 원한다면, 그 역시 리더십이 관건이다. 바라던 대로 일이 잘 풀리지 않을 때 교장은 책임을 전가하기 쉽다. 이 모든 게 학생들, 학부모들, 정부, 또는 무수한 다른 요인 탓이라고 생각할 수 있다. 물론 이 모든 것들이 어느 정도 영향을 미치기는 하지만 진짜 이유는 교장의 리더십에 있다. 언제나 그래 왔고 앞으로도 그럴 것이다. 마찬가지로 일이 잘 풀릴 때도 리더십이 중요하다. 그것이 리더가 이끌어야 하는 한 가지 이유다. 교장은 변화를 만들고 싶어 한다. 많은 경우 영향력의 범위를 넓히고자, 즉 더 큰 차이를 만들고 싶어 교사에서 행정가로 옮겨 간다.

교사의 능력은 교실에서 일어나는 학습의 양을 결정하는 핵심 요소다. 교장의 능력은 학교에서 일어나는 학습의 양을 결정하는 핵심 요소다. 이를 회피할 도리가 없다면 과감히 수용하는 편이 낫다. 언뜻 생각하면 교장의 영향 밖에 있는 것 같은 현상, 즉 학교의 문화를 살펴보자.

학교 문화

조직 문화는 오랫동안 연구되어 왔다. 스포츠 팀이 새로운 감독을 고용할 때, 그들은 종종 문화를 쇄신하겠노라 이야기한다. 어느 단체나 학교가 어려움을 겪을 때, 그들은 입버릇처럼 그것이 독소적인 문화 탓이라고 말한다. 문화라는 단어는 우리가 배우는 문화, 배려하는 문화, 또는 긍정적이거나 부정적인 문화와 같은 것들을 설명할 때도 사용된다.

쉽게 확인할 수 있는 문화의 또 다른 측면은 변화가 얼마나 어려운가 하는 점이다. 전문가들은 최소 3년에서 5년, 혹은 7년 정도 걸린다고 말한다. 대부분의 학교에서 그처럼 오래 재직하는 교장은 없다. 3년에서 5년, 혹은 7년 후에나 더 나아질 학교에 자식을 보내고 싶은 부모도 없다. 우리는 변화의 시기를 앞당겨야 한다.

게다가 우리가 문화를 바꾸겠다고 선언하는 순간 기존의 문화는 오히려 더 강화되는 경향이 있다. 리더는 조직의 문화와 정체성에 간접적으로 영향을 미칠 줄 알아야 한다. 그것은 훨씬 더 효율적이고 효과적인 과정이 될 수 있다.

나는 많은 이들로부터 도움을 요청받는다. 보통 어떤 종류의 갈등이나 도전이 있을 때 나를 찾는다. 갈등은 집단 내 사람들의 역동성을 수반하는 경우가 많다. 이 때문에 학교든, 기업체든, 지역의 단체든, 그들이 자주 문의하는 게 팀워크 워크숍을 해 줄 수 있느냐는 것이다. 그러나 무엇인가를 바꿔야 한다고 직접적으로 발표하는 것은, 그것이 실제로 작동할 가능성을 감소시킬 수 있다. 사람들은 무엇을 하라는 말을 듣는 것을 좋아하지 않고, 누군가가 강요한다고 생각되면 대개는 저항을 한다.

더 나은 접근법은 문화보다는 분위기에 영향을 미치려고 노력하는 것이다. 분위기는 날마다 변한다. 월요일의 분위기는 금요일과 완전히 다르다. 개학 첫날의 공기는 5월 중순과 다르다. 그러나 문화는 거의 항상 같다. 우리는 학생을 최우선에 두고 결정을 내리는가? 우리는 변화와 위험을 감수하고 있는가? 우리는 새로운 사람들이 합류하는 것을 환영하고 지지하는가?

문화를 바꾸기 위해서는 분위기에 영향을 미쳐야 한다. 예를 들어, 교사, 행정실 직원, 급식 조리원, 경비원 등 학교의 모든 어른들이 매일 학생들에게 먼저 인사를 건네도록 만들고 싶다면 이는 문화를 바꾸려는 것이다. 그러나 새학기 첫날 교장이 학생들에게 먼저 반갑게 인사를 건네면 이는 분위기 전환의 예가 될 가능성이 더 높다. 문화에 영향을 미치려면 분위기부터 조금씩 바꿔 나가는 게 좋다. 인사의 중요성을 공유하고, 연초부터 실행하면 우리는 새로운 분위기를 맛볼 수 있다. 점차적으로 그것을 모델링하고, 교사들에 대한 칭찬을 통해 강화하고, 자주 언급하게 되면 문화에 스며든다. 오늘 우리가 무언가를 시작하면 분위기를 바꿀 수 있다. 그것을 지속하면 결국 문화가 변한다.

옳은 일을 꾸준히 하는 것은 쉽지 않다. 그러나 열쇠는 멈추지 않고 꾸준히 하는 데 있다. 그것이 문화에 영향을 미치는 가장 효과적인 방법이다. 매일, 항상, 일관되게.

리더십은 이벤트가 아니다

얼마 전 유명한 할인마트에서 흥미로운 장면을 목격했다. 계산대 앞에 한참을 줄 서 있느라 지쳐 있는데, 누군가 공룡 복장을 하고 계산대 근처에서 춤을 추기 시작했다. 놀랍기도 하고 당황스럽기도 했다. 사람들은 어떻게 반응해야 할지 몰랐다. 이게 웃기려는 거야, 놀라게 하려는 거야? 사전에 준비된 거였어? 무슨 일이야 도대체?

그때 우리 줄의 계산대 직원이 공룡을 바라보고 씩 웃더니 말해 주었다. "여기 할인마트 사장님이세요! 우리 직원들 모두 사장님을 정말 좋아해요!" 어느새 모든 고객들이 깜짝 이벤트를 즐기며 웃고 있었다. 몇몇은 공룡과 하이파이브를 했고 춤에 맞춰 박수를 쳐 주기도 했다.

잠시 후 내 뒤에 서 있던 사람이 아주 흥미로운 말을 하는 것을 엿듣게 되었다. "우리 사장도 공룡 옷 입고 일하는 사람이면 좋겠다." 쓸쓸한 어투를 들으며 나는 궁금해졌다. 그는 진심으로 자기네 사장이 공룡 옷 입기를 원했을까?

공룡 복장이 직장 만족의 비결일까? 그가 진정 원하는 바는 사장이 유능했으면 좋겠다는 뜻일 것이다. 직원들에게 힘이 되어 주고 긍정적이며 배려심이 많고 소통이 잘되는 사장이었으면 좋겠다는 뜻으로 한 말일 것이다. 그러나 어떤 이들은 유능한 리더보다 재밌는 이벤트를 열 줄 아는 리더가 좋다는 뜻으로 받아들였을 수도 있다. 하지만 학교에서는 이런 이벤트가 성장을 유지하거나 도모하지 못한다. 이벤트가 성장의 시작을 도울 수는 있겠지만 결국 성공적인 성장은 교장의 일관적인 업무 추진에 달려 있다. 교장이 스스로를 우스꽝스럽게 만들어 더 매력적이고 인간적으로 다가갈 수는 있겠지만 학교를 효율적으로 이끄는 유일한 방법은 매일 옳은 일을 하는 것이다.

직원들이 사장을 높이 평가하지 않았다면, 공룡 복장은 효과가 없었을 것이다. 오히려 역효과를 낼 수도 있다. 직원들 모두 "사장 왜 저래? 싸구려 렌탈복 입고 뭘 하는 거지?"라고 할지 모른다.

교장이 교직원 회의에서 발표를 하다가 파워포인트 활용 기술을 잘 몰라 잠시 허둥대는 모습을 상상해 보자. 교직원이 어떻게 반응하는가는 아마도 교장의 전반적인 능력에 달려 있을 것이다. 교장이 존경을 받는 분이라면, "우리 교장 선생님, 귀엽지 않아? 내가 나가서 좀 도와 드릴까?"라는 반응이 나올 것이다. 만약 교장이 존경의 대상이 아닌데 파워포인트에 능숙하다면, "우리 교장 선생님이 파워포인트 말고 다른 걸 더 잘했으면 좋았을 텐데!"라는 반응이 나올 수 있다.

그렇다고 학교에서 이벤트를 하지 말자는 것은 아니다. 이벤트는 재미있을 수 있고 분위기에 영향을 주고 결국 문화를 형성하는 역할을 할 수 있다. 하지만 학교를 이끄는 것은 이벤트보다 훨씬 어려운 일이다. 우리가 원하는 긍정적 영향을 끌어내려면 일관성 있는 리더십이 무엇보다 우선이 되어야 한다.

문화가 리더십이고 리더십이 문화다

전통적으로 문화와 리더십을 매우 다르게 보는 경향이 있다. 리더십은 사람이 하는 것이고, 문화는 사람에게 영향을 미치는 신비로운 어떤 것으로 인식된다. 나는 종종 "이 학교는 문화 때문에 그런 일은 할 수 없어요."라는 말을 듣곤 한다. 하지만 유능한 지도자는 문화를 이해할 뿐만 아니라 자신이 문화에 영향을 미칠 수 있는 사람이고 영향을 미쳐야 하는 사람으로 생각한다. 그들은 문화가 실제로 자신과 자신의 리더십이 반영된 결과물이라는 것을 안다.

사람들이 자신이 속한 조직의 문화가 좋거나 나쁘다고 묘사할 때, 혹은 부정적인 문화나 서로 배려하는 문화라고 말할 때, 문화라는 단어에 리더라는 단어를 대입해 볼 수 있다. 많은 경우 이 둘은 직접 관련이 있다. 교장이 학교에 오래 근무할수록 문화와 리더십의 상관관계는 밀접해진다. 모든 것은 결국 리더십의 결과라는 것을 기억하자.

교육에 쉬운 것이란 없다

나는 이 책의 제목을 《한마디로, 항상 쉽지만은 않다》라고 붙일 뻔했다. 사람들과 함께 일하는 것은 매우 복잡하다. 학생들과 일하는 것은 매우 중요하다. 사람들은 종종 묻는다. "그렇게 할 수 있는 딱 한 가지 방법만 알려 줄 수 있나요?" 딱 한 가지 방법이란 없다. 있었다면 이미 오래전에 해결됐을 것이다. 하지만 늘 진실인 것이 몇 가지는 있다. 사람은 자신과 비슷한 수준의 사람을 찾는 경향이 있다. 유능한 교사들은 유능한 교사와 함께 있고 싶어 한다. 보통의 교사는 자신과 비슷한 동료를 찾고, 부정적인 교사는 같은 인생관을 가진 다른 교사와 연결되기를 희망한다.

여기에는 아마도 많은 이유가 있을 것이다. 그중 하나는 사람이 비슷한 핑곗거리를 공유하는 사람을 자주 찾는다는 것이다. 유능한 사람은 문제에 대한 변명거리를 찾는 것이 아니라, 문제를 줄이거나 제거하기 위한 해결책을 찾는다. 그들은 꾸러기 학생의 행동을 불평하기보다 그에게 필요한 지도 지침을 강구한다.

유능하지 못한 이들은 자신처럼 늘상 변명의 영역으로 빠져드는 사람에게 더 편안함을 느낀다. 보통 사람은 기분이나, 요일 등에 따라 이러기도 저러기도 한다. 부정적인 사람은 일찍감치 포기하고 남

탓을 하는 사람을 찾아 의지한다. 이것은 사람이 변할 수 없다는 뜻은 아니다. 정반대다. 훌륭한 리더는 무능한 사람을 유능한 집단에 연결시켜 준다. 테니스 연습을 생각해 보라. 자기 수준에 맞는 사람하고만 치면 실력이 늘기는커녕 오히려 퇴보할 수 있다. 하지만 당신이 기꺼이 자존심을 버리고 자의식 덩어리를 억눌러 가며 뛰어난 기술을 가진 사람과 치면, 실제로 상당한 발전의 기회를 가질 수 있다.

이것은 리더에게도 똑같이 적용된다. 다른 학교의 뛰어난 교장뿐만 아니라 학교에 있는 최고의 교사와 자주 교류하라. 당신의 기술을 연마할 기회뿐 아니라 도움이 필요한 교사들에게 그들을 연결시켜 줄 수 있는 기회도 얻을 수 있다.

차갑고 냉정해야 한다?

교장은 차갑고 냉정해야 한다는 말을 자주 듣는다. 늘 비판의 대상이 되고 갖은 비난에 시달리기 때문이다. 하지만 우리에게는 찔러도 피 한 방울 안 나올 듯한 냉혈한보다는 세심하고 배려하는 따뜻한 리더가 필요하다. 우리의 가장 훌륭한 교사들은 관용과 온정을 베푼다. 그들은 누구든 다가올 수 있게 하고 다른 사람들의 요구에 민감하다. 물론 이것저것 배려하다 보면 마음이 약해질 수 있다. 그러나 그것 역시 우리에게 더 긍정적이고 풍요로운 삶을 선사한다. 훌륭한 교장과 교사는 누구보다 큰마음과 연민을 지닌다. 어쩌다 한 번씩이 아니라 늘 타인에 대한 온정을 품고 산다. 일관된 배려와 보살핌이 장기적인 차이를 만든다.

리더십은 이벤트가 아니라는 것을 기억하자. 매일매일 가치 있는 일을 해야 한다. 교장이라는 직업의 좋은 점은 중요한 일을 한다는 것이다. 교장이라는 직업의 힘든 점은 그 일이 하루도 빠짐없이 중요하다는 것이다.

중요한 일을 선택한 당신에게 고마움을 전한다. 당신의 영향력은 무한하다는 것을 잊지 않길 바란다.

훌륭한 교장은 리더십이 이벤트가 아니라는 것을 이해하며, 학교의 분위기와 문화를 개선하기 위해 일관되고 효과적인 리더십을 발휘한다.

22

마치며:
핵심 가치에 집중하라

● 모든 교장의 경험은 독특하며 학교마다 다른 특징을 지닌다. 그러나 훌륭한 교장은 학교의 위치, 학생규모, 학부모들의 특성과 관계없이 많은 공통점을 보인다. 이 책은 훌륭한 교장의 20가지 특성을 태도, 목표, 의사결정, 실행 면에서 보여 준다. 결국 차이는 행동을 이끄는 신념에 있다.

나는 몇 가지 중요한 신념을 굳게 유지하고 있다. 나는 교장이 학교에서 일어나는 모든 일에 필터와 같은 역할을 한다고 믿는다. 학교의 질은 교사의 질이 결정하며, 성공은 프로그램이 아니라 사람에서 시작된다고 확신한다. 하루도 빠짐없이 모든 사람을 늘 존경으로 대해야 한다고 생각한다.

반면에 학교에서 늘상 일어나는 일들 중 어떤 것은 나에게 그리 중요하지 않다. 개인적으로 시간 약속을 잘 지키려 노력하지만, 교사들이 학생을 유능하게 다루는 한, 출근시간 체크 따위에 열을 올리지는 않았다.

내가 교직 1년 차일 때, 당시 교장은 매주 학습지도안을 제출하라고 요구했다. 난 매우 열심히 작성해서 제출했다. 그러나 그로 인해 실질적으로 수업을 계획하고 준비하는 시간이 부족했던 것을 기억한다. 나 역시 교장이 되어서 처음 2주 동안은 교사들에게 학습지도안을 내라고 했다. 그러다 중요한 것은 학생들에게 효과적인 학습계획이지 교장이 보기 좋도록 정성껏 꾸민 문서가 아님을 깨달았다. 한눈에 보아도 훌륭한 교사와 촘촘한 학습계획안은 아무런 연관이 없었다. 최고의 교사를 생각하면서 깨달은 바가 있다. 그들은 학습지도안 제출을 골칫거리로 여기는 것이 분명했다. 나는 좋은 역할 모델을 찾지 못했기 때문에 다른 교장처럼 학습지도안을 요구한 것뿐이었다. 물론 수업 계획을 세우는 것을 반대하는 것은 아니다. 준비가 부족한 교사들의 학습지도안을 검토하는 것은 의미 있는 일이다. 그러나 중요한 것은 학생들과 수업을 효과적으로 진행하는 것이기에, 엉뚱한 일로 시간과 에너지를 낭비하지 않겠다고 마음 먹었다.

교장은 아주 놀라운 직업이다. 도전적이고 역동적이며, 많은 열정이 필요해 때론 진이 빠지기도 한다. 그러나 매우 보람 있는 직업이다. 교장의 영향력은 상상을 초월한다. 학생은 물론 교사들도, 지역사회의 모든 사람이 학교와 교장에게 관심을 기울이고 있지 않은가. 우리는 사람들의 대화 내용을 좌지우지하는 자리에 있다.

모든 교장은 외부의 압력을 받는다. 지역사회의 모든 사람은 학교

교육에 관심을 가질 권리가 있으며, 학교에 다닌 사람이라면 누구나 나름대로 교육 전문가라고 주장한다. 흉보는 것이 아니라 그것이 인간의 본성이다. 그렇지만 교장은 교육자로서 핵심 가치에 집중해야 한다. 다른 사람이 교장의 할 일이 무엇이라고 생각하든, 우리는 학생들을 위해 옳은 것에 초점을 맞춰야 한다.

모든 리더들처럼 교장도 외로울 때가 있다. 교사들과 함께 일하지만, 결국 최종 결정은 교장의 몫이다. 확고한 신념 없이는 한결같은 방향으로 나아가기가 매우 어렵다. 그러나 신념이 있으면 자신감을 얻고 안정감을 느낄 수 있다. 교사들도 마찬가지다. 더 중요한 것은 우리 학생들도 그렇다는 점이다.

이 책에서 나는 교육에 대한 판에 박힌 접근, 혹은 성공으로 가는 편협한 길을 보여 주고 싶지 않았다. 대신에 모든 훌륭한 교육자의 과업을 지탱해 주는 프레임을 보여 주려 노력했다. 이를 청사진이라 한다면, 교장은 건축가다. 교사는 건물의 기초를 세운다. 건물에 입주해 삶을 영위하고 그곳을 의미 있는 곳으로 만드는 이는 바로 학생들이다.

모든 교장이 영향력을 지닌다. 훌륭한 교장은 의미 있는 차이를 만들어 낸다.

훌륭한 교장의 20가지 특징

1 훌륭한 교장은 프로그램이 아닌 사람에 초점을 맞추며, 학교의 질을 결정하는 것도 프로그램이 아니라 사람이라는 것을 절대 잊지 않는다.

2 훌륭한 교장은 자신이 누구인지, 무엇을 해야 하는지, 그리고 다른 사람들이 자신을 어떻게 인식하는지 정확하게 알고 있다.

3 훌륭한 교장은 자신의 성과뿐 아니라 학교의 모든 면면에 책임을 진다.

4 훌륭한 교장은 긍정적인 분위기 조성에 힘쓰며 모든 사람을 존경으로 대한다. 특히 칭찬의 힘을 이해한다.

5 훌륭한 교장은 끊임없이 불순물은 거르고 긍정적인 태도를 공유한다.

6 훌륭한 교장은 교사들의 역량을 높이기 위해 다양한 전략을 세심하게 적용한다.

7 훌륭한 교장은 최고의 교사를 채용하고, 초반부터 그들이 활약할 수 있도록 무대를 마련해 준다.

8 훌륭한 교장은 훌륭한 교사를 채용하며, 그들이 학교에 오래

머무를 수 있도록 다양한 전략을 사용한다.

9 훌륭한 교장은 변화의 역학을 이해한다.

10 훌륭한 교장은 학력평가를 넓은 관점에서 바라보며 학생 학습의 진정한 이슈에 초점을 맞춘다.

11 훌륭한 교장은 신념보다 행동의 변화에 초점을 맞춘다.

12 훌륭한 교장은 교사들의 충성심이 자신보다는 학생과 학교를 향하기를 기대한다.

13 결정을 내리거나 변화를 시도하기 전에 훌륭한 교장은 스스로에게 질문을 던진다. "우리 학교 최고의 교사들은 어떻게 생각할까?"

14 훌륭한 교장은 결정을 내릴 때마다 누가 가장 편할지 누가 가장 불편할지를 끊임없이 자문한다. 그리고 교사들을 대할 때는 모두가 훌륭한 사람이라고 생각하며 대우한다.

15 훌륭한 교장은 성취도가 높은 교사를 이해하고, 그들의 요구에 민감하며, 이 귀중한 자원을 최대한 활용한다.

16 훌륭한 교장은 관심과 배려의 중요성을 안다. 신념과 행동이 감정에 연결되어 있으며, 감정을 움직여야 변화도 시작된다는 사실을 이해한다.

17 훌륭한 교장은 사람들과 좋은 관계를 유지하기 위해 언제나 노력한다. 개인적인 상처를 주지 않으려 애쓰고, 상처가 생긴 경우 이를 치유하기 위해 언제나 스스로 교정한다.

18 훌륭한 교장은 유능한 교사와 학생들을 위해 부정적이고 무능한 교사를 개선시키거나 제거한다.

19 훌륭한 교장은 학년 초에 확실한 기대치를 설정하고 1년 내내 꾸준히 독려한다.

20 훌륭한 교장은 리더십이 이벤트가 아니라는 것을 이해하며, 학교의 분위기와 문화를 개선하기 위해 일관되고 효과적인 리더십을 발휘한다.

Bissell, B. (1992, July). *The paradoxical leader.* Paper presented at the Missouri Leadership Academy, Columbia, MO.

Breaux, A. and Whitaker, T. (2013). *The ten-minute inservice: 40 quick training sessions that build teacher effectiveness.* San Francisco, CA: Jossey Bass.

Brown, E. (2015). Far fewer teachers are leaving the profession than previously thought. April 30, *Washington Post.*

Burr, A. (1993, September). *Being an effective principal.* Paper presented at the regional satellite meeting of the Missouri Leadership Academy, Columbia, MO.

Fiore, D. (1999). *The relationship between principal effectiveness and school culture in elementary schools.* Doctoral dissertation, Indiana State University, Terre Haute, IN.

Fleck, F. (2003). *How principals work with their more and less effective teachers.* Unpublished doctoral dissertation, Indiana State University, Terre Haute, IN.

Jay, J. (2011). *Exploring the principals role in high poverty schools with high literacy achievement.* Doctoral dissertation, Indiana State University, Terre Haute, IN.

National Commission on Teaching and America's Future (NCTAF). (2010).

Who will teach? Experience matters. Retrieved from www.nctaforg/
NCTAFWhoWillTeach.pdf.

Raisor, M. (2011). *What highly effective leaders do during difficult times.*
Doctoral dissertation, Indiana State University, Terre Haute, IN.

Roeschlein, T. (2002). *What effective middle school principals do to impact
school climate.* Doctoral dissertation, Indiana State University, Terre
Haute, IN.

Sudsberry, M. (2008). *The role of the principal in leading school improvement.*
Doctoral dissertation, Indiana State University, Terre Haute, IN.

Turner, E. (2013). *What effective principals do to improve instruction and
increase student achievement.* Doctoral dissertation, Indiana State
University, Terre Haute, IN.

Whitaker, M. E. (1997). *Principal leadership behaviors in school operations
and change implementations in elementary schools in relation to
climate.* Doctoral dissertation, Indiana State University, Terre Haute, IN.

Whitaker, T. (1993). *Middle school programs and climate: The prindpals
impact.* Doctoral dissertation, University of Missouri-Columbia, MO.

Whitaker, T. (2014). *Shifting the monkey: The art of protecting good people
from llars, crlers, and other slackers.* Bloomington, IN: Solution
Tree.

Whitaker, T. (2015). *Dealing with difficult teachers.* (3rd ed.). New York,
NY: Routledge.

Whitaker, T. (2018). *Leading school change: How to overcome resistance,
Increase buy-in, and accomplish your goals.* (2nd ed.). New York,
NY: Routledge.

Whitaker, T. (2020). *What great teachers do differently: Nineteen things
that matter most.* (3rd ed.). New York, NY: Routledge.

Whitaker, T., & Fiore, D. (2016). *Dealing with difficult parents.* (2nd ed.).

New York, NY: Routledge.

Whitaker, T., Good, M., & Whitaker, K. (2016). *Your first year: How to survive and thrive as a new teacher*. New York, NY: Routledge.

Whitaker, T., Good, M., & Whitaker, K. (2019). *Classroom management from the ground up*. New York, NY: Routledge.

Whitaker, T, Whitaker, B, & Lumpa, D. (2008). *Motivating and inspiring teachers: The educational leaders guide for building staff morale*. (2nd ed.). New York, NY: Routledge.

옮긴이의 글

●   이 책의 원서는 2020년에 출간된
*What Great Principals Do Differently*의 제3판입니다. 2002년에
초판이 출간된 이후 두 차례의 개정·증보를 거치며 현재까지 미국에
서 교육 분야 베스트셀러로 명성을 떨치고 있는 책입니다.

지은이 토드 휘태커 교수는 제가 2009년에 번역하여 국내에 소개
한 《훌륭한 교사는 무엇이 다른가》의 저자이기도 합니다. 감사하게
도 많은 선생님들께서 읽고 주변에 추천해 주셔서 13년째 교육 분야
베스트셀러로 자리매김하고 있습니다. 그 덕에 《훌륭한 교장은 무엇
이 다른가》도 여러분께 소개할 수 있게 되었습니다.

번역 의뢰를 받고 처음에는 가벼운 마음으로 수락했습니다. 이 책
의 초판을 본 적이 있는데 목차가 《훌륭한 교사는 무엇이 다른가》와
꽤 비슷했기 때문입니다. 그러나 원저작권사에서 보내 온 최신판 원
문을 들여다보니 매우 다른 내용이었습니다. 학생을 이끄는 교사의

사명과 교사를 이끄는 교장의 사명은 '리더십'이라는 큰 관점에서 보면 비슷한 점도 많지만 디테일에서는 차원이 달랐습니다. 놀란 마음을 진정시키고 2개월 정도 모든 에너지를 쏟아부으며 공을 들였습니다. 만만찮은 시간이었지만 휘태커 교수 특유의 솔직한 문체와 위트 있는 비유 덕에 유쾌통쾌한 웃음이 작업 내내 이어졌습니다. 미국이나 한국이나 교사와 아이들이 어우러져 사는 모습은 다 비슷하다는 생각이 들어 괜히 짠하고 애잔한 마음이 들기도 했습니다.

초벌 번역을 마치고 편집자와 교정을 진행하던 중, 어머니께서 급성 뇌경색으로 쓰러지시더니 일주일 만에 세상을 떠나셨습니다. 평생을 함께 산 어머니의 죽음은 너무나도 힘든 일이었습니다. 유품을 정리하며 가족과 함께 애도의 시간을 갖던 중 제가 낸 다섯 권의 책이 나란히 놓여 있는 것을 발견했습니다. 책 귀가 여기저기 접힌 걸 보니 치매로 인지 능력이 저하된 와중에도 꼼꼼히 읽으셨나 봅니다. 사실 여러 권의 책을 낼 수 있었던 것은 노모의 끝없는 사랑 덕분이었습니다. 이 책도 어머니 영전에 바치려 합니다.

출간을 앞두고 큰일을 치른 탓에 편집자의 수고가 커졌습니다. 번역서임에도 술술 읽히는 책이 된 것은 모든 단어와 문장에 편집자의 전문성과 내공이 스며 있기 때문입니다. '교장 선생님'이라는 분들에 대한 깊은 고민의 결과물인 책의 외관도 인상적이었습니다. '훌륭한 편집자는 무엇이 다른지' 여실히 보여 준 방송대 출판문화원 박혜원 편집자에게 감사를 전합니다.

'교장 공모제'가 확대되고 있습니다. 우리의 학교에 어떤 리더가 필요한지 논의가 깊어지고 있습니다. 책의 서문에서 이야기하듯 교육은 극도로 복잡한 문제라 교장 리더십도 단순할 리 없습니다. 그러나 훌륭한 교장이 어떻게 행동하는지 관찰하면 우리도 리더로서의 역량을 점검하고 실력을 연마할 수 있습니다. 지금 이 순간에도 전국의 학교 현장에서 고군분투하고 계실 교장 선생님들께, 훌륭한 교사이자 미래의 훌륭한 교장이 되고자 부단히 노력하고 계실 모든 선생님께 이 책이 응원과 위로가 되어 주길 기대합니다.

훌륭한 교장은 무엇이 다른가
그들의 20가지 특성에 대한 탐구

초 판 2쇄 펴낸날   2024년 3월 11일

지은이 ｜ 토드 휘태커
옮긴이 ｜ 송형호
펴낸이 ｜ 고성환
출판위원장 ｜ 박지호
편 집 ｜ 박혜원

펴낸곳 ｜ 한국방송통신대학교출판문화원
　　　　　 출판등록 1982년 6월 7일 제1-491호
　　　　　 03088 서울시 종로구 이화장길 54
　　　　　 대표전화 1644-1232
　　　　　 팩스 02-742-0956
　　　　　 홈페이지 press.knou.ac.kr

ISBN 978-89-20-04369-7 03370